生きるくらしを守る人間らしく生きる

自主・民主・連帯の精神　その結実と展開

赤石義博 著

本書は、故赤石義博氏の『私と「自主・民主・連帯」』上・下二巻（中小企業家同友会全国協議会企画編集・二〇〇九年刊）を抜萃し再編集したものです。

目次

はじめに――同友会は「生きざま」を学ぶ場――9
(一) 何のために経営するのか・二つの「生きざま」 10
(二) 全社一丸体制づくりと大きな目的の探究 13

第1章 「労使見解」精神 その継承と展開――19
――「自主・民主・連帯」を深める道

一 「労使見解」への茨の道……20
――労使の信頼関係づくりに苦闘した中小企業経営者たち――
(一) 「労使見解」精神を今こそ 20
(二) 「労使見解」成文化への道 24
(三) 「労使見解」は私の生きざまの鏡 31

二　「全天候型企業づくり」――労使の信頼関係こそ全社一丸の源泉――……35
(一)　売上げ六割減の経営危機のなかで　35
(二)　食える場所へ出稼ぎに行こう　42
(三)　社内失業をつくる――逆風を徳とするために――　49
(四)　全社一丸の源泉は労使の信頼関係にある　52
三　「何のために」を不断に問い直して――「大きな目的」への旅日記から――……53
(一)　持続力を生み出すものは何か　53
(二)　「大きな目的」への私の道程　58
(三)　「大きな目的」を全社のものとする　66
第2章　「生きる」「くらしを守る」「人間らしく生きる」――「大きな目的」の普遍性を確かめる――77
一　「素朴な願い」に導かれて……78
二　「生きる」の原風景――「群れ」の形成と平等と信頼の関係――……87
(一)　「群れ」の形成と平等な関係　88

(二) 群れ全体の「いのち」と「絆」の自覚 91
三 「くらしを守る」の原風景——協働する家族・連帯する家族—— …… 95
(一) 役割分担がつくる「くらし」 95
(二) 分けあうこととくらしを守ること 100
四 「人間らしく生きる」の原風景 ……
——人間としての尊厳性（人間らしさ）を守る—— 106
(一) 「生きる」自由と「人間らしく生きる」自由 106
(二) いのちを全うしあうこと 109
五 人類の普遍的願いにつなぐ——三つの課題の現在—— …… 113
第3章 「自主・民主・連帯」から三つの目的の展開へ——
「大きな目的」実現と中小企業・小企業 117
一 三つの願いと「自主・民主・連帯」 …… 118
(一) 三つの願いから「生きる・くらしを守る・人間らしく生きる」へ 118
(二) 「自主・民主・連帯」と三つの目的 120
(三) 地域・国民・地球——中小企業と三つの目的の実現 122

二　「自主・民主・連帯」を深める
――「生きる・くらしを守る・人間らしく生きる」の展開へ――……125
㈠《民主》――「生きる」の展開と課題　125
㈡《連帯》――「くらしを守る」の展開と課題　131
㈢《自主》――「人間らしく生きる」の展開と課題　135
三　「人間らしく生きる」の現代的意味――自由と勝手と連帯――……142
四　《地域に根ざす》ということ――地域の連帯と中小企業――……148
〔関連資料　『中同協40周年記念誌』より〕
自主・民主・連帯の本来的な深い意味に迫る――155

生きる
くらしを守る
人間らしく生きる

「自主・民主・連帯」
その結実と展開

はじめに——同友会は「生きざま」を学ぶ場

——赤石さんが昨年（二〇〇八年）の中同協（中小企業家同友会全国協議会）会長退任の挨拶で、『同友会入会当初は、同友会で学ぶのは経営についての勉強だろうと思っていたので時どき手抜きしたりしていたが、二～三年活動をつづけるなかで「同友会で学ぶのは生きざまである」と気がついてからは手抜きできなくなり、やがて使命感を持って活動を続けるようになった』とおっしゃいました。

私たちは入会六年から十年で、経営指針づくりの会にも参加し経営指針もつくり、実践してもいます。同友会は経営の勉強ができるところだと実感しています。そんな私たちに、赤石さんの言葉は、特に印象に残りました。聞いたときには感動し分かった気がしたのですが、あらためて考えると、自分はそこまで問いつめていない、赤石さんの言うことを本当には理解できていないのではないかと思っているところです。

それで、「同友会で学ぶのは生きざまである」と話されたことの意味やその背景をあらためてうかがって、自身の経営への考え方というか経営姿勢をいま一度考えてみたいと思って、今日はおうかがいしました。

まず、「同友会で学ぶのは生きざまである」ということについてですが、同友会は経営の勉強の会といわれ、私もそのように理解し実感しています。しかし、「生きざまを学ぶ」とまでは考えていませんでした。たいへん重い言葉ですが、赤石さんがそこに込められた意味とはどんなことなんでしょうか。

㈠　何のために経営するのか・二つの「生きざま」

同友会が経営の勉強ができる会であるという理解は間違っていません。同友会は本当に勉強できる素晴らしい会だと実感されているということは、皆さんの学び方もたいへん素晴らしいものになっているということでもあります。

もちろん、学ぶだけではなく、学んだことを自社で実践していくという点も同友会運動の特徴ですし、自社の安定や繁栄をめざしながら、同時に地域の安定繁栄をもめざし、そこに前進を邪魔する問題があれば、そのことの是非についても学び合い、明らかに道理に合わないことであれば中小企業の仲間と力を合わせて改善や解決に努力していく、という会であることもよく承知されていることと思います。

ところで、経営には実に多くの課題のあることもまた実感されていると思います。その中でも最も大切なかなめは、「何のために経営するのか、経営しているのか」を経営者自身が明確にすることにあります。何故なら、その理由によっては、社員や客先に対する姿勢や、そして、人間にとって最も大事な人生の価値観がまるで違ってくるからです。

二つの生きざま

この「何のために経営するのか」には、大きく二つの道があります。もし、自分もしくは自社の金儲けのためだけに事業をやろうとしているなら、社員や客はその金儲けのための補助員にすぎなくなるわけですから、こき使うだけこき使って倒れたらポイと捨ててしまう。ノルマを達成しなければ能力の低い人間だからと解雇してしまう。正論をいう社員は、社長に逆らう不良社員というレッテルを張ってやめさせる。

客に対しても、儲けを大きくするためには品質をごまかしたり、ときには不適格品であっても平気で売ってしまう。産地偽装、一部毒化した米の販売、賞味期限の切れた在庫を新製品に混入・再加工して長期にわたって販売し続ける。法律の盲点を悪用したり違法すれすれの金融商売で巨額の利益を上げ法律違反で裁判になっても結局、億単位の金をふところにして悠々と高級マンションで暮らしている者もいる。この数年の間に現実にあったことばかりです。

自分本位の儲け追求だけを考え、商売の中身が嘘やごまかしで固められていたら結局信用を失い、自滅に辿り着くことは多く語る必要もありません。また中身に嘘はなくとも、社員を利益追求の補助員としか見ていなければ、社員の方もそのことに気がつき離れていくでしょう。残るのは金さえ貰えればいいという無気力な社員だけで、そんな企業に未来のないことはおわかりと思います。

一方、世の中に貢献することを生き甲斐とし、結果として自らも成り立つ経営をめざすという場合はどうでしょうか。

世の中に役立つことを最大の課題とし、より良い商品やサービスを、客の納得のいく価格でタイムリーに提供できるよう心がける。特に安全・安心についての信頼・信用を大切にし、長期にわたり繰り返しの客先が増えていることに仕事の充実感と誇りを感じている。

社員との関係では、社員は仕事を通じて社会に貢献する最も信頼できるパートナーになり得る同志であり、共に学び合うことにより、共に人間として成長し合える仲間であるとも確信している。その確信を現実のものにするために、学び合う場や時間をしっかり設定し、また、何でも話し合える風通しの良い明るい職場づくりを心がけている。こうした職場では、社員はのびのびと働き、アイディアなども自然に出てきます。こういう企業には未来が拓けていくのは当然です。

「生きざま」は事実である

もうお気づきと思いますが、「何のために経営するのか」というとき大きく二つの方向があって、「まず社会貢献をめざし、結果として企業を発展させていく」と考える経営と、「金儲けだけが人生さ」とうそぶいて金儲け以外は目もくれない経営です。このどちらの経営をやるのかは、まさに人間としての生きざまが問われているのです。

このことは、同友会で学ばれている皆さんはすでに十分おわかりのことと思います。ただ、ここで、ぜひ考えておいていただきたいことがあります。この「生きざま」ということは、経営にあっては倫理ではなく、事実であるということです。つまり生きざまが問われているといいながら、どちらを選ぶかは個人の自由というわけにはいかない。それは企業は永遠に存続・発展しなければならないからです。

「金儲けだけが人生さ」というのは論外として、企業の永遠の存続と発展を願うなら、これから繰り返しお話しさせてもらいますが、まず、社会貢献を考え、全社一丸体制を構築し、みんなと共に生かされている自分というように考えることが絶対的な基本といえます。そして、それが社長の生きざまになっていれば、進め方によって多少の時間差はあっても、社長の思いがごくごく自然に経営現場全体のあり方になっていくものです。ですから結果としての全社的姿について「それは事実だ」という意味で事実と申しあげたのです。

一方、基本はこれと同じ立場に立っていても、社長の生きざままでは到達していない場合はどうなるのでしょうか。企業は倫理を守らねばならないと言うのですが、ここでは（厳密にいうとこの表現にも問題があるのですが、ここでは常識的に守らねばならない規範と受け止めておいてください場合は、受動的ですから社長自身が全社を点検しながら「大丈夫か、大丈夫か」と金縛りにされているような重苦しいことになってしまいます。それでいて、全社的に共有されていないはずです。抜けや未達が生ずる結果につながるでしょう。倫理が行動の境界線というだけでは徹底はできません。

(二) 全社一丸体制づくりと大きな目的の探究

労使問題は企業の総力をあげる要

そこまで理解していただいて、さらに話をすすめますが、実は、企業経営にあたるに際し、「まず社会貢献をめざし、結果として企業を発展させていく」と考え、そして、それを実践していくことは、自社を永遠に存続・発展させるには最も大事なキーポイントであることは間違いありません。しかし、その道を選んだというだけで企業の存続・発展がすらすらいくかというと、そうはいきません。

企業の存続と発展のためには、企業の総力を挙げねばなりません。経営環境は常に流動的です。変化に備え、変化に対応し、向かってくる激浪を総力を挙げて乗り切っていかねばなりません。企業は存続という使命を背負っています。社会貢献をしつづける使命、その企業で働く人々のくらしを継続して守る使命、取引先とは長い共存共栄をめざし、経営不振などで迷惑をかけないという責任があります。

企業の総力を挙げるとは全社員の力を最大限に発揮するということであり、そのためには「全社一丸体制づくり」が経営者の重要な課題となりますが、大切なことは、この「全社一丸体制づくり」の実践においてこそ経営者の生きざまが問われるということです。

本物の全社一丸体制はアメやムチでは作れません。経営者の生きざま、それも万人が認める理念に適った生きざまだけが本物の全社一丸体制を構築できるのです。

このことを私が教えられたのは、同友会との出会いからです。私の同友会入会は昭和三十七年（一九六二）九月です。満二十九歳になったばかりのときでした。入会の動機は労使問題について学びたい、情報も得たいということでした。何よりも、経営者として、労働組合との関係をどう考えるべきかという課題を抱えていました。それは当時の社会一般が、労使の対立が激しく全社の総力を挙げるどころか紛争が頻発し、企業体力が弱まり倒産や廃業に至る企業も少なくなかったからです。

しかし、当時の私の認識は、労使問題も他の経営諸問題である経営戦略、それを支える製品や生産技術開発・設備・財務問題などと並列に並ぶ、言ってみれば「ワン ノブ ゼム（one of them）」、多くの経営課題の中の一つにすぎなかったわけです。労働委員会の活動を通して、また、残念ながら当時幾つかの倒産被害を受けましたが、その倒産会社の末期に立ち会ったりして、まず、この点が私の大きな錯誤であることに気がつきました。

企業に限らず組織にとって最重要ポイントは、その構成員がなんらかの意味での価値観を共有し、その価値観にもとづいた物、あるいは状況を実現するという一つの目的に向かって一丸となることであり、労使の問題は他の組織運営課題と同列ではなく、「全社（組織）一丸体制づくり」こそ組織運営の最も基本的な課題、いわば出発点であるとの認識を得たのです。

どん底でも社員が離れていかない会社を

一九六〇年代の半ば頃、私自身が全社一丸体制ということについて深く考えさせられた強烈な話を紹介しましょう。

目的に向かって「一丸」という時の意識の強さや高さを比喩的にいうと、たとえどんなに厳しい状況にさらされたとしても、本来駄目になるわけにはいきませんが場合によっては敗色が濃い場合でも、隊列を崩さず最後まで目的に向かって戦いを挑むほどの「一丸」であることが望まれます。それほどに強い団結力や組織への忠誠心は、単なる技法で求められるものではありません。賃金の高さだけで一体となっているのであれば、金の切れ目が縁の切れ目になるでしょう。これでは苦しい時こそ底力を出すなどは思いもよりません。

当時で年商百億円をあげていたある電気部品メーカーの社長の言葉を、私は一生忘れることはないと思います。この社長は、年商五十億円くらいの同業の社長が、あるユニット部品の開発が不成功となって、そのとき電機業界全般が振るわない時期であったため業績が急速に悪化し、幹部社員を含めかなり多くの社員が退職していったのを、「人員整理もしなければならないと思っていたのでちょうどよかった」というのを聞いて、その話をしながら吐き捨てるように、「馬鹿なヤツだ」と言ったのです。

訳を聞くと、両人とも戦中、中国大陸で実戦経験があるのですが、百億円企業の社長に言わせると、

「傷ついて後方に運ばれた兵士がいよいよ命つきる頃になると、下着類に住み着いているシラミまでがポロポロ体を離れ落ちていった」というのです。つまり、そのシラミのように組織の命運を感じて人が去っていくのに、それを「ちょうどよかった」などと言っているのは、我が身の不明を知らない馬鹿者だというのです。

この話は私にとって実に強烈な示唆で、それ以降、「どん底でも社員の離れていかない企業づくり、人の離れていかない組織づくり」が究極の課題として私の脳裏から消えることはなくなりました。

不変の価値・多様性のなかの統一

それともう一つは、全社一丸体制づくりの出発点には、「労使が共有できるなんらかの価値観」と「それを実現していこうという目的」の共有が絶対必要となると、その「なんらかの価値観とは何か」ということを明確にしなければならないという点です。価値観とは、そこに価値があるとする見方を言いますから、「なんらかの価値観」とは「なんらかの価値」と解釈してください。

「価値」とは、一般に「人間の欲求をみたすもの」ということになりますが、同時に「客観的規範に反しない」という条件がつきます。麻薬を使用すると快楽を得ることで本人は価値があると考えたとしても、客観的規範に反する麻薬には価値を認められないというわけです。ただ、この客観的規範ということについてはいろいろ問題があるので、必要な段階でもう少し分解してお話しすることにしましょう。

価値とは人間の欲求をみたすものと考えますと、その対象はあらゆるものといってよいほど多様に存在することになります。しかし現実的には、一人の少年にとって一個のリンゴを獲得することが当面する最大の価値（目的）になりえても、それを目標に全社が一丸になり得るとは思えません。また、彼がどんなに一個のリンゴの獲得を熱望したとしても、そのリンゴが崖っぷちの枝先にあり無理をすると命に関わるかもしれないとなれば、「命と引き換えでは嫌だ」と獲得を断念するかもしれません。

このことからも推測されるように、価値には、「いのち」のような「絶対的な価値」と「相対的な価値」、そして、求める側が単独であるか集団であるか、集団であればその大きさや性質、あるいは求める基準や意識の違いなどによって、大きさや重みがさらに多様になります。従って、全社一丸となれる価値ある目的もまた、いのちを守る、つまり生きてくらしを安定させるという絶対的価値をベースにしながらも、それぞれの企業の生い立ちやおかれている客観的条件から生まれる欲求などを織り交ぜた、多様なものであって当然といえます。

しかし、その集団の規模を超えて、「労使」という性質の違う集団全般に共有できる価値・目的となると、それは、もはや社会とか人類という立場で考えるべき課題であり、もっとシンプルで、しかし、究極の大きさと重みをもったものでなければならないだろう。究極の重みと大きさをもてるものとは、万人に認められる不変の価値をもつものでなければなりません。万人に認められる不変の価値とは、科学性・社会性・人間性のいずれの側面からみても他のそれぞれと整合性があり、しかも普遍的で、かつ、時代の変化に関係なく、不変の価値を有するものでなければならないということになります。

それほどに重い意味を持つ価値とは何かを追求する一方、不変の価値を基盤に経営しようとするなら、経営者自身も経営環境の変化に右往左往するようでは「言っていることとやっていることが違う」ということになりますから、その価値に納得し、その価値の実現に向かって邁進するとなると、もはや、その価値実現に立ち向かう日々のありようを自分の人生観、つまり生きざまとして学び深め、実践していく以外に道はない、と考えるに至ったわけです。

こうして「全社一丸の体制づくり」「どん底でも社員や人が離れていかない企業づくり」を課題とし、その中核となる不変の価値（目的）を求めて実践してきたわけです。これが「同友会は生きざまを学び深める場」と述べたもう一つの理由です。

——経営者にとって「生きざまの選択は事実である」というお話、目からウロコです。自社の存続と発展ということから考えると、そのとおりですね。私など倫理の問題としてとらえ、とかく身をかたくして考えていました。おおいに解放されました。「生きざま」と「経営」が結びつきました。

「共に学ぶ」「共に育つ」ということが同友会では言われます。いま、赤石さんのお話をお聞きしながら、このことを考えさせられました。社員であれ、客先であれ、「共に学び育つ」とは、相手の人生そのもの、まさに「生きざま」を共にするということがあって初めて言えることではないのか、とこのごろ感じています。

あらためて、そうした赤石さんの考えがどのような「生きざま」を経て形成されてきたのかをさらに深くおうかがいできればと思います。そのことは、この困難な時代にある中小企業経営者に何が大切かを示唆してくれるものと予感しています。とくに、いまのお話にあった「全社一丸体制づくり」と「大きな目的の探究」の二つのテーマは、同友会運動の歴史をつなぐテーマのように感じています。長い道のりになるでしょうが、よろしくお願いいたします。

第１章　「労使見解」精神　その継承と展開

――「自主・民主・連帯」を深める道

一　「労使見解」への茨の道
――労使の信頼関係づくりに苦闘した中小企業経営者たち――

――以前、『非情理の効率を上回る情理の効率』を読んで、赤石さんのおっしゃる「人間尊重経営」の原風景といったものを知りました。敗戦直後のこと、下町の中小企業のことから、会社での経営陣や労働組合との対応、同友会での論議や地域での活動など、そうした歩みを重ねながら、「労使見解」成文化に近づいていったんですね。

それにしても、その時代から成文化までにはかなりの時間があります。その間、一九六九年（昭和44）には中同協が結成されているわけですが、当時の状況や労働委員会での議論などもまじえて、一九六〇年代から七〇年代への成文化への道をおうかがいしたいと思います。

(一)　「労使見解」精神を今こそ

そのことをお話しする前に、二、三留意していただきたいことを聞いてください。

まず一つは、この「労使見解」を構成している七つの項目は、「自主・民主・連帯」の深い意味の日常的実践の具体的指標であると受け止めていただきたい、ということです。

もちろん、労使問題を直接主要課題としていた労働委員会のメンバーも、後に「労使見解」の草案作成に携わった人たちも、当初より「自主・民主・連帯」の深い意味を論理的に解明し、それを基軸に労使関係のあり方を解明しようとしたのではありません。結果論的にいって、一連の課題に携わり、関与した人々が、それぞれ人間として誠実に真摯《しんし》に問題と取り組み、議論を重ね、到達した結果が「自主・民主・連帯」の深い意味につながっていた、と後になって位置づけられたということです。

「労使見解」が採択されて数年後、あるいはバブルがはじけた九〇年代初頭、あらためて「同友会理念」や「労使見解」を勉強しようというと、「同友会は小難しいことばかり勉強しようという。そんな勉強より今どうするかで必死なんだ」という言葉も聞かされました。そういわれると、私は大変悲しい気持ちにさえなりました。

昭和三十年代の後半から昭和四十年代を通じ、当時の同友会会員であった私たちが労使問題に必死に取り組み、その立つべき理念を真剣に論議したのは、取りも直さず、「今が」あるいは「今も」大変だったからでした。その大変な状況から脱出するには、まず、「企業内努力」で成果を挙げていくしかないわけで、企業内努力を実のあるものにするためには「全社一丸体制」づくりが何よりも基本であることを切実に感じ取っていたからでした。

「今」を乗り切ろうとする時、全社が一丸になれない理由が社員の単純な消極性や無気力にあるときなどは、短期間ならいわゆるアメやムチでも多少有効かもしれません。しかし、上部団体のオルグから、資本家は労働者の敵であり、その敵である社長のいうことに従うのは「利敵行為」だと教えられている社員にムチは使えません。もし使えば憎悪の火を激しくするだけになるでしょう。アメはどうか。おそらく小手先の積もりが企業の命を左右するようなエネルギーの消耗に結びつきながら、疑心暗鬼に陥った社員のより強い反抗や単純な物取り主義の際限ない拡大などから、全社一丸とは全く縁遠い索漠とした社内状況を生み出し、ただ呆然と立ちつくすことになるでしょう。

こうしたことを現実に試行錯誤しながら、大変な今を乗り切るためには労使双方が納得し協力し合えるまで誠実に話し合うしかないことに辿り着いたのです。そして、労働者側に納得して貰うためには、まず、経営者の姿勢を正すことが絶対的条件になるという「労使見解」の精神に到達していったのです。同友会理念を語り労使見解を議論するのは、一見小難しいことなのかもしれません。しかし、「大変な今を乗り切る」ために、あるいは「大変な今を生み出さない」ために、経営者としてベストを尽くす覚悟があるなら、小難しいことを小難しいことでなくする努力は当然の努力と覚悟していただきたいのです。ここで「小難しい」などと言うのは、負け犬の遠吠えに等しいともいえるでしょう。

一九九〇年代に入ってから特に中小企業の経営は困難を増してきています。それにつれ中小企業にくらしを依存している国民の多くもくらしの困難さを増しています。さらに、世の中が悪くなったと実感している人たちも増えました。理由ははっきりしています。

周知のとおり、一九七九年（昭和54）にアメリカの経済学者フリードマンの刊行した『選択の自由』という本が一つの契機といわれています。同年イギリスの首相になったサッチャーのいわゆるサッチャリズム潮流、翌年アメリカ大統領になったレーガンによるいわゆるレーガニズム潮流のダブルパワーによって、アメリカ流グローバル・スタンダード（新自由主義的倫理無き競争至上主義）が一気に世界を席巻していく時代に入りました。

日本においては一九八六年（昭和61）に当時の中曽根首相が前川レポート（内需拡大政策が骨子）を持って

レーガン大統領と会見、その基本政策が了承されますが、内需拡大のために地域産業振興などの政策はとられず、単に大幅な金融緩和を実行したため八〇年代末期からバブルが発生し、そしてまたあっという間にそのバブルがはじけ、成長無き十年といわれた九〇年代に突入したのは知られるとおりです。その低迷停滞からの脱出を大義名分として、歴代首相によって次々アメリカ流グローバル・スタンダードに沿う政策が導入され、小泉首相が決定的といえる仕上げ政策を行いました。

その結果は現状を見るとおり、アメリカ流グローバル・スタンダードは世界中に貧富の二極化をもたらし、あげくに世界中を大不況に落とし込みました。国内状況でいえば東京一極集中が極限まで高まり、地域間、産業間、また規模間でも大きな格差が生じ、特に地方地域における中小企業の苦境は目に余るものがあります。また、福祉の大幅な後退によって、高齢者や低所得者のくらしは一層厳しいものとなっています。自殺者や凶悪犯罪の増加、特に若年凶悪犯罪や目的を失った刹那的凶悪犯罪の増加など、様々な分野での状況悪化の実態は残念ながら枚挙にいとまがありません。

こうした現状を正視すると、我々は今こそ、同友会運動五十年の蓄積から学び強めてきた理念と行動力をもって立ち上がるべきときと痛感します。「国民や地域と共に歩む」の理念は、同友会運動が基本的に国民運動としての性格を有することを余すところなく示すものであります。そういえる直接的根拠には「中小企業の繁栄と国民生活の繁栄は表裏一体」という数々の事実を挙げることができ、この表現が普遍的なものであることを実証できます。

もう一方で、個人としても中小企業家としても「今こそ立ち上がるべき」と行動を促しているのが「自主・民主・連帯」の深い意味であることを知らねばなりません。従って、ここで共に行動を起こすのでなければ「自主・民主・連帯」を理念としているという資格はありません。

このように「自主・民主・連帯」理念をさらに深め実践していくことが、同友会運動を一層豊かなものにし、かつ決してぶれない強固な運動に育てていくことができると確信していますが、その出発点になったのが「労使見解」への取り組みであったと回顧できます。それほどに「労使見解」は重要な意味と意義を持っています。「自主・民主・連帯」の深い意味の追求に入る前に、今一度、取り組みのプロセスを紐解き、読みやすい文字面だからこそ、浅くすらすらといきやすい背後をえぐっておきたいと思います。

(二)「労使見解」成文化への道

白熱した労働委員会の議論

さて、「労使見解」ですが、「労使見解」精神に到達する道は、まさに茨の道であったと実感しています。それは、単に頭の中で文章だけをまとめようという取り組みではなかったからです。労働委員会メンバーの六割くらいは自社に労働組合を抱えている人たちで、しかも、その労働組合の半数以上は総評傘下の運輸一般、全国一般、全国金属、全印総連、合化労連といった上部団体に属していました。これらの労働組合は総評内部でも闘争力があり対決姿勢も明確で、少しでも対応が行き違うと重大な争議を惹起しかねませんでした。また、ときには、企業や職場の混乱を起こすことだけを目的とした新左翼系の分子が人手不足につけ込んで潜り込み、労使の信頼関係が薄いところでは、ほとんど単なる因縁をつけるたぐいのことで重大な争議が発生したりしました。

労働委員会の論議は、委員自身が具体的で生々しい問題を抱えている人たちが多いだけにいつも白熱したものでした。議題は賃金や諸手当に関わることをはじめ、労働時間、休日や福祉関係など具体的で多岐にわたりました。賃金や諸手当関連では、いわゆる世間相場と表現される社会的平均的レベルと企業能力の問題。労働時間、休日や福利関係では、本来あるべき方向とはなにかを議論しながらも、小売業やサービス業では営業時間の短縮や休日の増加が直《ただ》ちに売上を左右する問題などが切実に語られました。しかし、なんらかの前進が示されなければ、場合によっては直ちにストライキなどにつながるケースもありました。

話を元へ戻しますが、実際、当時はどの政党からも学者からも、総労働対総資本という関係についての議論や見解は示されたことがなく、「搾取」という言葉だけを振り回す労働組合の横行に、それに直面する中小企業の苦しみや実態など一般的にはほとんど問題にもされていなかったと思います。しかし、中小企業の現場での、その言葉の生む軋轢《あつれき》や問題は、極めて先鋭的であり重大なものであったのです。

いずれにしても、労使の信頼関係を強め企業競争に勝ち抜くための基盤として「全社一丸体制」をどのように作り上げるのかが、究極にして最大の課題であることが徐々に浮き彫りになっていきました。そうしたプロセスで東京中小企業家同友会労働委員会メンバーが遭遇したいくつもの事柄が、仲間としての私の思考にも深く影を与えています。その中での幾つかの事例を思い返してみます。

誠実であるが故に

まず、N社の社長のケースが頭に浮かびます。N社は東京足立区に本社工場を持つ低周波測定器のメーカーでした。完成品メーカーですが一般市販品はなく、大手家電メーカーや特殊電気機器メーカーから最終仕様だけを提示された測定器を開発製作していました。社長はその分野の技術者で温厚篤実そのものの方でした。労働組合は全国金属で、労使問題に悩んでいるという話を聞いて同友会へ入会を勧めました。労働委員会では熱心に議論に加わり、ずいぶん明るい感じになっていたのですが、入会二年後くらいのときだったでしょうか、徹夜に近い団体交渉が続いたあとということでしたが、社長が行方不明になりついに戻りませんでした。

大げさにいえば社会全体が、大企業と中小企業の関係、中小企業の社会的位置づけによる金融差別等について全《まった》く理解のない時代、従業員を一人でも持てば資本家であり労働者の敵であると位置づけた総労働対総資本の考え方がまかり通っているとき、人間的に誠実で、かつ、労働者のくらしに一定の理解を持っている経営者ほど追いつめられ、つらい思いをしたとの実感を拭えません。

私は当社の労組幹部を通じN社の労組幹部を呼び、事の経過を聞くとともに何故そこまで社長を追いつめたのか詰問しました。しかし単純になじるようなことはせず、誠実で社員思いの社長だったからこそ無い袖を振ろうとし、しかし、無い袖は振れない現実とのはざまに社長を追い込んだ中小企業と大企業の関係について諄々《じゅんじゅん》と話し、そうした不条理な関係の解消については中小企業の労使双方が相互に協力していかねばならないこと、そして、そういう考え方を上部団体を含めて広く労働側も議論し広めていって貰いたいと強調しました。

大企業による中小企業経営への圧迫。最も多かったのは問答無用の値下げ、また、ボディブローのように収支に影響してくる必要以上の品質要求、小刻みな納入時間や納入数量指定、しかも、実際納入から検収事務完了までの期間や検収完了から支払いまでの期間を延引し、その上、現金支払いなら八〇パーセント支払いで二〇パーセントは売掛残に、一〇〇パーセント払って貰おうと思えば百日以上先の期日の支払手形での支払い。金融面では僅かな融資であっても担保や連帯保証が要求され、社長はもちろん、場合によっては嫁にやった娘の連帯保証まで要求された例までありました。

中小企業経営者なら誰しも身に沁《し》みて知っているこうした事実を、当時の一般国民そしてその一員である一般労働組合員は全く認識していなかったということでしょう。そうでなければ、人ひとりでも使えば資本家であり労働者の敵だなどという総資本対総労働などの理論を簡単にうけいれるはずはありません。

時期としては一九七五年（昭和50）に「労使見解」が発表された頃から、総評傘下の先鋭な労働組合も徐々に中小企業の立場について理解を示すようになりました。しかし、昭和四十年代は上部団体へ行くほど総労働対総資本理論で凝り固まっていたように思います。そのかげでN社の社長のような悲劇が起こりました。主を失ったN社は、その後、受注済みの製品を製作納入したり、労組幹部が営業活動したりしましたが、一年足らずで倒産でもなく会社清算でもなくただ消滅しました。

転機は突然に

こういう事態は、日本中でいえばN社だけの悲劇ではなかったであろうと思っています。たとえば、食品加工機械を設計製作していた㈱T機械の創業社長の場合なども、当時の私たちは多分重い心労と過度の緊張のためだろうと推測していました。もちろん医学的な因果関係はわかりませんから、これはあくまで我々労働委員仲間の憶測に過ぎないとお断りしておかねばならないケースです。

Tさんが社長に就任したのは、本人としても余りに突然だったという一九六九年（昭和44）の暮れも迫ったときでした。T機械にも全国金属の労働組合があり、暮れのボーナス交渉がもつれ、明日からストライキに入るという前夜、Tさんの父である創業社長が心筋梗塞で亡くなったのです。

Tさんがいうには、それまでは専務ではあったが長男だから専務であっただけで、研究会とか勉強会に参加するなどと称して手抜きの方がむしろ多かったと反省していました。重要なことはすべて父である社長の仕事であり、自分の出番はまだ先という意識だったのでしょう。親子世襲の場合、こうした関係が成立しているのは、家業的事業にしばしば見られる過渡的現象ともいえます。Tさんの意識がまだそういう甘え半分といえる時に、その寄りかかっていた創業社長が突然心筋梗塞でなくなってしまったわけです。転機は突然やってくる、あるいは転機は突然作ることができるという意味でも学ぶべき点がありますのでお話ししておきましょう。

暮れの迫っているとき、しかも、明日から労働組合がストライキに入るという前夜、重要な決定を独りで担っていた社長が突然亡くなって、それまでなんとなく逃げ回っていた専務であるTさんはどう対処したか。実は我々も驚いたのですが、Tさんは労働組合の要求を満額認め、有り金すべてをはたいて全額支給したのです。その上で、その時は事実だからしょうがないといえば全くそうなんですが、Tさんは有り金すべてはたいてしまったのだから、あとは会社がどうなるかわからない、どうしたらよいかと労働組合に投げかけたわけです。

無謀に見えるこうした対応に、曇りや駆け引きがまったく感じられなかったということでしょうか、労働組合側も真剣に受けて立ちました。そして、やがて社員総会の設置まで決められ全社一丸体制が築かれていったのです。このTさんの経験はその後、第九回（一九七九年）の中小企業問題全国研究集会（全研）

第二十五分科会で報告されましたが、私が座長を務めました。

退任や廃業を決意した社長

労働組合との直接の紛争ではなく、労働組合の力を弱めようとする圧力で経営者の進退を問われたケースもありました。K社のM社長の場合を考えてみます。K社は神奈川県藤沢市に工場を持つ砕石機のメーカーでした。M氏は今年（二〇〇八年）六月に亡くなりましたが、東京同友会労働委員会委員長も務められ、株式会社童心社社長村松金治氏（故人）とともに当時の労働委員会内では論客の双璧を為していました。会社業績は良好と聞いておりましたが、労働組合は全国金属でした。

工場増設等設備投資か拡大のための運転資金であったかは記憶が薄らいでしまいましたが、主力銀行に二億円の融資を申し込み折衝の過程で銀行側から暗黙裏に融資の条件が出されたといいます。条件とは「全国金属労組を潰すか、それができない社長なら交代」ということでした。強力な闘争を展開する労働組合を目の仇にしていた金融関係や大企業が、取引継続の条件として労働組合つぶしを暗黙の条件として圧力をかけていたのは公然の秘密でした。

「労働組合がない方が楽だし、気が休まるよなあ」などという言葉が労働委員会の中でもでることがありました。それほどに団体交渉というのは気疲れするものですし、社長としての日常、自分自身の言動についての緊張も大変なものであったのは事実です。しかし、労働組合の存在については、れっきとした労働三法という法律が根拠となっており、金融機関や大企業といえども本来その存在を抹殺せよなどといえる立場にはありません。M氏は結局社長を退任し企業を残しました。

団体交渉では、議論が白熱化してくるとほとんどけんか腰のやり取りになってしまうことがままあります。本来、手を携えてやっていかなければならない社員とそういう状態になったら、確かに後味の良いものではありません。

Y社のY社長は慶応大学の経済学部を卒業し、祖父の起こしたY社の三代目社長になった人です。矢張り労働委員会に所属しておりましたが、「従業員と対立しながら、これ以上企業の存続に努力していくことは自分にはできない」と言って廃業してしまいました。

技術一筋故に

電設機器工業株式会社の平松利平氏（故人）も忘れ得ぬ先輩の一人です。マグアンプでは世界の先端をいく開発をやっていると、禿山子《とくざんし》という雅号で俳人としても有名であった三基電子株式会社社長の金子氏（東京同友会から神奈川同友会に移籍し、県主催の異業種交流の牽引者として活躍）から聞いておりました。ほどなく、その開発で早稲田大学から工学博士の学位を授与されましたから、技術者として大変高いレベルだったのだろうと思います。いつも笑顔をくずさなかったという印象を持っていますが、委員会のあと神田駅近くの焼鳥屋に誘ってくれて「赤石君、この詩を読んで感想聞かせてくれよ」などと数編の自作の詩を渡されたりしました。

平松さんのところも全国金属に所属する労働組合を抱えていました。何故「平松さん」と紹介したかというと、最初に会ったときは社長でしたが、二年くらいあとには副社長に、さらに二年くらいあとには技術部長になっていたからです。労働委員会では副委員長格で労使関係については厳しい理論をもっておれたのですが、団体交渉が長引き最後に労働組合から泣きが入ると人の良さがでてしまうようでした。そして結局、賃上げや賞与など過大な金額で妥協したり、労働時間なども無理な短縮が行われたのではないかと思います。優秀な経営スタッフがいなかったのかもしれません。経営が思わしくなくなったとき、経営権をスポンサーに渡して副社長になり、さらに平取締役の技術部長になりました。優秀な技術を持っていたのでスポンサーもつき、会社は破綻させずに生き残ったのだろうと思います。それでも、「社員は宝だよ」と、いつもの笑顔で語っていたのが忘れられません。

㈢「労使見解」は私の生きざまの鏡

混沌としながらも激動を続けていく社会の中で、機を見るに敏で経営力に長《た》けているとか、巧みな交渉力によって労使の平衡を保ち利益を上げていく例を数多く見ながらも、T社長、N社長、M氏、Y氏、そして平松さんという、身近でしかも誠実で常に何事によらず真摯な姿勢を崩さなかった人たちの結末に遭遇して、もはや、これは人間としての生きざまの問題だと切実に考えるようになりました。

この思いを決定的にしたのは私と同じ東部支部（東京同友会。現在、足立支部等六支部に発展的に分離）会員I氏とのやりとりでした。当時、I氏は既に六十歳前後、セーターなどニット・メーカーの社長で、本社は創業の地でもある墨田区向島にありました。向島から本所、また業平橋から押上方向にかけて、現在伝統産業に指定されている「江戸切子」職人の作業所や工房といったもの、金属玩具や金属部品加工メーカー、ニットなどのメーカー、またそれらに材料などを供給する業者など、いわゆる個人事業所や中小企業と一般住居が軒を連ねる密集地域でした。この地域一帯は関東大震災の時と太平洋戦争末期の東京大空襲の時と二度、ほぼ全面的に焼け野原になってしまうという被害に遭っています。

第一次オイルショックを経験し、労使紛争もやや落ちつき始めた昭和五十年代になってすぐの頃だったと思います。念のため付け加えますと、I氏の会社には労働組合はありませんでした。あるとき、氏は個人的に話を聞いて貰いたいと、訥々《とつとつ》とこんな話を切り出したのです。

「戦前からニット業者として独立し、妻と死にものぐるいで働き仕事が軌道に乗って株式会社にしたとき、妻には専務取締役になって貰い、母は監査役になって貰いました。戦災で家や工場は全部焼かれ、戦後は統制組合などでつらい思いもしましたが、物資が不足していたことも幸いし統制がはずれてからは順調で、二人いる娘が大きくなってからは娘も取締役にしてそれぞれ役員報酬を払ってきました。息子はおりません。時代も良くなりお蔭で金で苦労することもなくなって、今回、世田谷に自宅を新築したのです。関東大震災と戦争で二度ひどい目に遭い、安全なところに住みたいというのが母共々永年の念願だったのです。娘婿たちは二人とも公務員でそれなりに安定していますし、私たち夫婦もそれぞれ別に給料をとっておりましたので、家を建ててもまだ老後の生活は十分過ごせるだけの蓄えもあり、結婚以来夫婦とも仕事だけで来ましたのでそろそろ廃業して夫婦で旅行でも楽しむくらしに入ろうかなどと話していました。会社では主な仕事は私たち夫婦でやっていましたから、幹部といってもすぐに仕事全般を任せられるような社員がいないということもありました。」

経営の安定度だけでいえば、誠にうらやましいような話ですが、夫婦でそんな話をしていたときに、フッと全く違った思いがI氏の心をよぎったというのです。

最初にフッと現れ消えていったのは、働き詰めであった自分の一生とは、安全で高級住宅地といわれている世田谷に家を造るための一生だったのだろうかという思いだったといいます。そして次にI氏の心に迫ってきたのは、今、自分たち夫婦がこんな立場でのんきに話し合っていられるのは、確かに自分たちも先頭に立って頑張って来たけれども、経営的に苦しい時も、仕事が厳しい時も一緒に頑張ってくれた従業員がいてくれたお蔭ではないのか、そんな従業員に明日で店を閉めますなどということが果たして許されるのだろうかという問いかけであり、それは日増しに強い重圧となってI氏の心を一杯にしてしまったというのです。

誰かに話さずにはいられない。誰かに公平な判断の助力を頼まずにはいられない。平静から温厚篤実なI氏ですから、そんな気持ちになったのはむしろ当然かもしれないと思いました。当時、東部支部にはI氏と同年輩で、しかも、若い時から知り合っている会員さんが数人いました。家族の故事来歴まで知り合っているような大変親しい関係でしたが、逆にそれ故に話しづらかったのかもしれません。結局、十数歳下であるけれども、同友会会歴の長い私に話す気になったということなのでしょう。

私もまだ四十代前半の頃ですし、同友会的物差しでの考え方も十分確立されているとは言いがたいときでしたが、五年くらいの猶予を作って、社員から社長を立て、あとを託したいと社員に正直に話してはどうかと言いました。しかし、実をいいますと、社員から後継者を立てるのは大変難しいことでうまくいった例はあまりありません。それは主に金融機関との関係がスムーズにいかないことによりますが、中小企業の場合、オーナーが担保提供者であり連帯保証もするという日本的慣行がベースになっているからです。

少し付け加えますと、やり手の社員というだけで後継に選ぶのは危険です。中小企業の場合、最も重要な要素は「何が何でもやり抜く」というしぶとさ粘り強さであり、その上さらに、人間としても実務家としても優秀な幹部を育てるという懐《ふところ》の深さが要求されます。間違っても、自分がいかに努力しているか、自分がいかに苦労しているかを人に見せようとする人間は選ばないことです。残念ながら、オーナーの子弟にしばしば見られる現象です。

話は変わりますが、私は、請《こ》われて私自身がそれを受け入れてT社に入社し職に就きました。いってみればペーパーのない契約です。ペーパーのない契約であっても自分の意識の上で契約である以上、一定の成果・形を作って引き渡す責任があると考えていました。ですから自分の一存での退任や放棄、ましてや廃業などは思いもよらぬことと言わねばなりません。そういう意味では、家業の当主や企業オーナーとはまた別な厳しさを持った立場であったかもしれません。

企業風土はリーダーである社長によって築かれていきます。では、目指すべき企業風土とはどうあるべきなのか。しかも、それは自らが納得し、自らが最高の価値と目指していける生きざまと一致していなければなりません。入社三年後に総務部長になり、五年後に管理本部をつくって取締役管理本部長に収まりましたが、その年の十一月、総額七千五百万円の倒産被害を受けました。まだ月商四千万円前後でした。そのさなかにあっても経営を考えるのは私の責任でした。企業の先行きをどう考え、どう切り拓くのか。どう切り拓くにしても、そこに自分自身を完全に投入する以外無いとすれば、切り拓き方そのものが私自身の生きざまの価値観と一致していなければ自己破綻につながってしまいます。

したがって、私にとっての「労使見解」は、企業内労使の関係をどう考えるかのためのものではなく、自らの日常的な生きざまの追求であったと回顧できます。

二　「全天候型企業づくり」

――労使の信頼関係こそ全社一丸の源泉――

――以前、赤石さんが青年経営者全国交流会で「全天候型経営」というテーマで話されたのを最近知りました。確か前年の売上から三分の二も落ち込むといった経営危機に遭って、あらためて自社の経営を総点検して、危機を乗りこえたばかりでなく、その後の発展の基盤をおつくりになった。その体験を「全天候型経営」として抽出されていったと理解していますが、現在（二〇〇九年春）、マスコミとか政府は百年に一度の経済危機といい、実際、全般的に景気の悪化が感じられ、特に自動車関連とか機械関係では売上が五割ダウンしたとか、三割くらいしか仕事がないという話も聞きます。

赤石さんは、全社一丸体制づくりの究極の課題は、全天候型企業づくりにある、とおっしゃっていました。これまでの話のいわば到達点ということもあるように思います。経済危機にある今こそ、その話に耳を傾けなければならないときと思います。

(一)　売上げ六割減の経営危機のなかで

この発想も実際の体験に基づいたものです。一九七三年（昭和48）九月に勃発した第一次中東戦争を契機に、ＯＰＥＣが原油価格を大幅に引き上げ、かつ、その価格を受け入れないなら買って貰わなくて結構という姿勢を打ち出しました。いわゆる第一次オイルショックの始まりです。この影響で我が社は、それまでの月商の三分の一の売上を確保するのがやっとという事態に突き落とされました。そこから這い上がる体験の中で、「全社一丸体制づくり」の究極の目的は、どんな経営環境に遭っても社員のくらしはもちろんのこと、協力会社や取引先に迷惑をかけない強靱な経営体質の確立にあることに気がつきました。それを「全天候型企業」と名付けたのです。

売上減のなか、希望退職募集を組合に申し入れ

当時の日本は、高度経済成長を謳歌し、しかしその実は後に原油ジャブ漬けと評されたあり方でしたから、経済は一挙に落ち込みます。国内では今も話題に残っている、店頭からトイレット・ペーパーまで姿を消すという混乱をへて、翌年の一～三月期のＧＤＰはマイナス一三・一パーセントという大幅下落を示しました。

因みに、今回のサブプライム・ローンの証券化に端を発する世界大不況をマスコミは百年に一度と大騒ぎしていますが、表面的にはその始まりとなったリーマン・ブラザーズが倒産した〇八年九月を起点としますと、続く十～十二月期の日本のＧＤＰはマイナス一二・一パーセントでオイル・ショックの時を下回っています。〇九年に入って一～三月はそれをさらに下回りそうだとの情報が漏れてきていますが、いずれにしても、第一次オイル・ショックの国内経済に与えた衝撃の凄さがわかっていただけるかと思います。

幸い私の属する家電業界は、年間契約による輸出がかなりにのぼっていたため、減産は一年遅れで一九七四年（昭和49）秋から始まりました。その年十月までは月商二億六千万円を超えていましたが、翌七五年一月に入ると八千万円を割り込むほどになりました。素材は三カ月前に新日鉄に発注しますから、前年

の十月には予想がつき始めていましたが、あまりの予想数字に信じきれないところがありました。しかし、十一月も同じ、十二月予想も変わらずとなって、十二月半ば、悩み抜いた末、暮れの賞与を支給すると同時に二〇パーセントの希望退職募集を労働組合側に申し入れました。

そのとき私はみんなにこういって頭を下げました。私の偽りのない心境でした。

「みんなに話したように五年で賃金を倍増する約束を果たし、ここまで十五年間で売上も十五倍弱まで伸ばして、その過程で誰も経験したことがないニクソン・ショックも赤字にすることなく通り過ぎてきた。反省すると、そうした実績を積み上げてきたことで、自分も相当な経営手腕を身につけることができたという驕りが芽生えてきていたのではないかと思う。しかし、今は先行きが全く読み切れない。

ここまで落ち込んだ状態のままで低成長が始まるのか、あるいはある程度回復してから低成長が始まるのか、全く予測がつかない。ともかく今の状態を切り抜けられるかどうかさえ判らない状態で、経営者として全くなっていないといわれても、唯々《ただただ》頭を下げる以外にない。頑張ってここまで一緒にやってきてくれたみんなには感謝と同時に経営者としての不明をお詫びしたい。」

一九七一年（昭和46）八月、アメリカはそれまでの兌換紙幣発行を止めました。そしてそれまで一ドル三六〇円の固定相場制であった日本円に対し、変動相場制に移行するよう圧力をかけてきました。いわゆるニクソン・ショックです。円は二〇パーセント近く切り上がることになります。その時も私は、生産性の向上と経費の削減に全力を挙げさせ、正攻法で難なく正面突破し赤字決算にすることはありませんでした。通常で経常利益三パーセントを目標に操業している企業にとって、輸出価格を十数パーセント切り下げて、尚かつ利益を確保することは並大抵のことではありません。それを難なく突破できたのですから、私自身は相当自信を持った。さらに、十五年間で売上を十五倍前後伸ばしてきたという実績も自信になっていました。

しかし、世界的な事情で日本の中小企業まで仕事が半分以下になり、その先も読めないという条件は、日本人には初めての経験と言ってよいでしょう。それで私はつづけて、次のように正直に話したのです。

「こうした状況に対処するため、皆さんには誠《まこと》に申し訳ないが二〇パーセントの希望退職者を募集させてもらいたい。それでこの危機を乗り切れるのか、乗り切れないのかも判らない。ともかく、いったん縮小して対応をみるためという以外に説明のしようがない。本当に申し訳ない。」

全くそういう以外になかったのです。

労働組合から逆提案を受けるが

労働組合の方から団体交渉の申し入れがあり、そこで組合側から逆提案が提出されました。

「共働きの女子については、その夫が自社であるか他社であるかの区別なく賃金を一律三〇パーセントカット。独身者は二〇パーセントのカット。一般世帯主は一〇パーセントのカットを一月から実施して貰いたい。その上で世界情勢の先行きや日本経済、家電業界等の今後について全社学習会を行い、一定の結論が見えた段階で会社提案の希望退職募集の是非について団体交渉に入りたい」というのが逆提案の大要でした。それだけの賃金カットを行えば、その総額は希望退職者二十名分の賃金にほぼ匹敵するはずだから、じっくり議論ができるのではないかというのが組合側の言い分でした。

それを聞いて創業者社長は「こういうことをいう労働組合があるなど話も聞いたことがない。そこまで言ってくれる社員にそんな負担をかけるわけにはいかない。専務、なんとかいろいろ考えて少しでもいい方法を考えてくれ」と涙声になって私に言いました。T社は一九六五年（昭和40）に七千万円の不渡りを受け私は起死回生に全力を挙げましたが、当面する危機を切り抜けた一九六八年に、実質的に経営の責任を持たねばならないという理由で代表権を持つ専務取締役になっていました。

しかし、そう言われても、即効的な名案など浮かぶはずもありません。労働組合の提案に対し、創業者社長の意向も説明した上で、役員は一律三〇パーセントカット、一般社員は部課長も含めて一律一〇パーセントで協力してもらいたい。学習会は組合提案どおり実施していこうと回答しました。

T社の決算期は二月でしたから、例年なら一月には新年度の経営計画が固まっていますが、このときは方針すら出せませんでした。学習会が始まりました。世界情勢から日本の今後について、私自身多くの情報とデータ、研究者の所論などを読み、自分の考えもプラスして学習会の冒頭で報告し議論を重ねました。

学習会は延々と続きとうとう七月に入ってしまいましたが、結論らしきものは見えてきません。緊急受注品対応は別として、設備稼働日数を減らし、職場単位での情勢学習会や、安全講習、生産技術の強化学習会、基礎技術の再研修など様々なことに取り組みましたが、肝心な今後の体制については依然として私自身が読み切れないし、したがって、決断もできないという状況にありました。

従来のワクにとらわれていた自分に気づく

ところが、人間というのは不思議な動物で、七月に入ったある日、私の脳裏に、その年の二月頃、日本経済新聞の「私の履歴書」が松下幸之助さんであったのを思い出したのです。そこには大要こんなことが書かれていたのです。

「経営者の中には、晴れた日が得意な人、風の強い日が得意な人がいる。ところが、そういう人の中には雨の日には弱く、風のない日に弱い人がいるものだ。それは天気にこだわっているからだ。」

言葉や意味はもう私流に変わっているかもしれません。ともかく、私はそこで転機を得たのです。私が半年以上にわたって閉塞状態にあるのは明らかに、従来の仕事そのものの需要量が増えるのか増えないのかの一点に何時のまにかこだわっていたということです。そこをはずせば多様な対応があるはずだと気がついたのです。

こういったことは常にコロンブスの卵といってよいでしょう。気がついたらすぐ動くことが大切です。私は希望退職募集撤回を決断し、労働組合にすぐ通告するとともに撤回の意味を説明するための団体交渉も申し入れました。本業の需要が回復しないならそれも止むを得ない。それならそれであらゆる可能性をみんなで考えていこう。随分遠回りさせて申し訳なかったと、この時も自分の未熟さを詫びました。

ところが翌日、労働組合の委員長はじめ書記長など三役が、何通かの封筒を持って私のところにきました。希望退職者の退職願だというのです。開けてみると、きっちり二〇パーセントにあたる人数の退職願でした。委員長のいうには、「昨日の専務の話は、やり方、考え方として納得いくものであったが、何かに取り組み始めても実効があがっていくには時間がかかる。経営状態の悪化を少しでも少なくするために協力したいという自発的な退職願です」と、私の目をじっと見ながら言葉を切りました。

またまた、一種いいようのない強い感動と身体の底から突き上げてくるような責任感で身体が震えました。普段なら夏のボーナスを支給し終わっている時期でしたが、その時はさすがに遅れていました。私は前年の半額で妥結していた金額に、全員に一律三万円を上乗せしました。そして、これは理由のつかない上乗せだから、理由は聞かずに受け取ってくれと話しました。

「残る者のくらしを守るために」

七月の終わりには、いろいろ考えた末に、翌年三月に始まる新年度の基本方針を「逆風をもって徳とす」と発表しました。当面何に取り組むかの議論とともに、新年度基本方針の意味を十分読み取って各部門での計画素案の検討を始めるよう指示しました。

八月の十日過ぎ夏休みに入る前夜、退職者を送る会が工場内食堂で全社員参加で行われました。最後に、退職者全員約二十名が前列に並び一人ひとりに花束が送られたあと、送る会開催のお礼と退職にあたっての言葉を述べる場面になりました。私にも前に出てくださいと退職者代表が言いました。

厳しい顔つきに変わった退職者代表が、私の目をじっと見ながら訥々《とつとつ》と話し始めました。全社員参加で盛大な送る会を開催してもらったこと、花束、そして多額な餞別《せんべつ》まで貰ったことのお礼の言葉で始まりました。あとで聞いたのですが、ボーナスに上乗せした三万円を残る側全員が餞別として出したということでした。そこまで言い終わると、こちらへ来てくださいと退職者代表はいうのです。そして、大振りの菓子箱三つ分くらいの大きさの箱を手渡されました。開けてみると、ステンレスの灰皿が二〜三十個入っていました。その中から一つ取り出してみんなに見えるよう灰皿をかざすと、退職者代表はそれを待っていたように言葉を続けました。

「私たちはこの会社が好きです。仲間も好きです。だから、ずっとみんなと一緒に働きたいと思っていました。しかし、半年以上職場討議や学習会で勉強し、日本はもちろんのこと世界中が大変な状況になっていること、そして、このあとどうなるか、本当に難しい状況であることもよく判りました。ですから、会社を辞めても何とかくらしていけそうな我々が身を引くことにしました。誰からも強制されていません。みんなそれぞれ自分の意志で決めたことです。専務、……」

ここまで言うと彼も言葉を詰まらせ、しかし、気を入れ直したように顔を上げて言いました。

「専務、私たちは辞めたくて、辞めていくのではありません。残る者のくらしを守るために会社を残さなければならないと判断したのです。辞めたくて辞めるのでありません。我々の気持ちをこの灰皿に残します。専務がこの灰皿を使うたびに、辞めていく我々の顔を思い出してください。そして、二度とこのようなつらい思いを社員にさせてはいけないと思い出してください」

彼はここまで話すのが精一杯でした。当時の私は一日八十本以上タバコを吸うヘビースモーカーでした。そのことは社員みんなが知っていました。今でも、この時を思い出すと涙を抑えきれないことがよくあります。つらく、そして、より大きな目的を持って頑張らなければと自分に誓った一瞬でもありました。

(二) 食える場所へ出稼ぎに行こう

翌日から、当面の具体的な対応をどうするのかという議論と、新年度の取り組み内容の詰めにさらに拍車をかけました。二つの課題が出てきました。出稼ぎと社内失業者の計画的創出です。「出稼ぎ」は、社員の中から出てきた現実的な対応案でした。「社内失業者」は私から提案しました。

総需要抑制政策によって、当面一時的に国内需要が激減しただけではなく、仮に多少回復したとしても長期的には二つの理由から国内需要が減少の道を辿るであろうというのが社内討議の結論でした。一つは、対米摩擦を避けるためと、より安い大量の労働力を求めて我々の直接の顧客である家電メーカーが、今後一層海外シフトを強めていき、国内需要の減少は避けられないだろうという見方でした。もう一つは、技術管理部の討議から出てきました。回路技術の高まりで、我々の主要製品である電磁鉄心が、より小型のタイプに、あるいは、変成器や変圧器を使わない設計が進むのではないかという見方でした。いずれも当社主力製品の国内需要の減少につながる要因と考えられました。

当面の対応策をチャンスに変える

社員から出た「出稼ぎ」という議論は、中・長期的な対応案の検討には時間がかかる、したがって、当面の危機をしのぐ方法として出されたものでした。従来分野が激減しているのだから、そこへ価格勝負で営業的に頑張っても、中小企業同士のいのちを縮め合う争いにしかならないであろう。それよりは、とも かく食える仕事のあるところへ出稼ぎに行こうというものでした。

自分たちが積極的に出稼ぎに行ってでも企業を守り抜きたいという社員の強い気持ちと受け取りましたので、私は敢えてこれを当面の対応案として具体的な方針の中にすえました。社員が自分たちの議論の中で考え、自分たち自身が納得して決意したことほど強いものはないのです。私は、みんながそれほど強く決意したのならやってみるかと受けて立っただけなのです。実際の収入があがるまでの一定期間はしのげるような準備は、長い間に一歩ずつ蓄えてきていました。私は、ある意味でチャンスと受け止めていました。

まず台湾に照準を当てました。日本の家電メーカーが大挙して進出し始め、台湾在住の華僑企業人の中に、家電関連の仕事の将来性に目を付け始めた人たちがいることを情報として摑んでいました。資金も潤沢に持ち、企業家としても優れたセンスの彼らは正攻法を選ぶ。パートナーにはその業界のトップまたはそれに準ずる企業を選ぶ傾向がある。当方には、その資格は十分にあると私は考えていたのです。

私がパートナーに選んだのは、台湾資生堂のオーナーでした。戦前、日本の大学を卒業し、日本の資生堂に勤務して然るべき地位まで昇進し、戦後、日本の資生堂からライセンスと主要原料の供給を受けて、台湾のトップ化粧品メーカーとして君臨していました。しかもそれに甘んずることなく、東南アジアや中近東への販売ライセンスも日本資生堂と協議したり、中国本土への進出を模索したり、一方で、アメリカのカリフォルニア州で朝鮮人参や烏龍茶の栽培を手がけるなど、根っからの事業家センスの持ち主であることと、何よりも人柄がよく信頼できると感じたからでした。家電関連分野にも関心を持っていると側近から打診があったのです。

技術提携をして、工場設計、設備計画と設備メーカーの選定、加工用金型は全量T社製とする、操業までの指導料をロイヤリティとして別に定め、操業後は技術員を常駐派遣して操業指導と技術指導を行い、工場生産額の三パーセントをテクニカルフィー（技術指導料）としていただくという契約をしました。より高額でより質の高い出稼ぎの実現です。

日商岩井との提携へ

もう一つ、当時の日商岩井とも技術提携の話を進めました。貿易商社にとって、ある品種で輸出額トップに立つことは、大きな勲章に匹敵するのです。日商岩井にはトップの輸出品はありませんでした。その中で東南アジア向けでは、電磁鋼板の輸出だけがもう少しでトップに立てる有力候補品目でした。それで、どこかに東南アジア向け加工工場を造ってでも輸出量を増やしたいと模索していることが判りました。

相談相手としては私が一番適任と考えたようですが、私は一九六九年（昭和44）に、三井物産と新日鉄との三社合弁会社を設立して関西・九州・四国等の電磁鉄心需要に対応していましたから、一般には三井物産系と目されていて、土台、相談に乗ってくれるはずがないと考えたようです。それで、事業展開の希望を新日鉄の輸出担当役員に持ちかけたところ、「赤石は、あまりそういうことにこだわらない人間だから、むしろ、東南アジア経済振興に寄与したいという側面から相談してみたらとサゼッションを受けた」と言って飛び込んできたのです。

私は、シンガポールを拠点にして、地元はもちろん、マレーシア、インドネシア、タイ、さらに、中国の深圳特区工業団地の需要まで視野に入れた工場設立を提案しました。条件は台湾の場合と全く同じです。これも順調に進むことになりました。

数年後にはマレーシアの重要が急拡大したのと、日本の家電メーカーによる冷蔵庫やクーラー等を含めた冷凍機関連用モーター生産工場がセランゴール州の工業団地に軒を並べ、それへ対応するための新会社と工場の設立、さらに、ペナン地区での家電メーカーの集中に対応するための新会社設立と工場建設へとつながりました。そのプロセスで日商岩井が、念願だった東南アジア地域向け電磁鋼板輸出で商社のトップになったのは予想どおりでした。したがって、日商岩井からは大変感謝されながら、実は、こちらとしては「高級出稼ぎ」を実現させていたのです。

また、こうした実績が積みあがることによって、新日鉄が世界に冠たる技術商品として供給している電磁鋼板加工工場などで、たとえば、ブルガリアの国営モーター生産工場とか、インドのモーター生産企業等で加工トラブルが発生すると、新日鉄からの依頼を受けてトラブル原因の調査とか、一定期間の技術指導等を依頼されるようになりました。

現地の人たちとの関係をつくる

そうした展開への糸口になった台湾との最初の契約交渉をしている二〜三カ月の間に、毎週一回二時間の学習会を二カ月たっぷり実施しました。何をやったのかと言いますと、太平洋戦争のとき旧日本軍が、東南アジアでどんなことをやったのかを勉強したのです。

何冊かの文献を揃えたのですが、勉強を進めれば進めるほど、どこの国でも旧日本軍は現地の国民に大変な迷惑をかけた事実を摑む結果になりました。それで、「では、我々はどんな姿勢で、どんな思いを込めて、現地の人と接し、どういう成果を現地にもたらすべきか」などについて議論を深めました。その結果、「現地の人たちとの関係のあり方は、同じ日本人として、太平洋戦争中の軍の行為について心からお詫びする気持ちが大切である。その気持ちにもとづいて、一日も早く技術がしっかり現地に根付くよう、丁寧で心のこもった指導に徹する」ということを誓い合い、第一陣の技術指導員を送り出しました。

そういう姿勢が日常的にしっかりにじみでていたのだろうと思いますが、その後、たとえば台湾からは、ぜひ彼を養子に迎えたいという人がでてきたのだがどうだろうかとか、シンガポールとかマレーシアからは、我が社の定年退職後、現地会社の社員にさせて貰えないか、などの話が幾つもでてきました。

また、私は四〜五カ月に一度くらいの間隔で、現地各社への表敬と派遣している社員の激励を兼ねて巡回しましたが、そうした折に、現地の人たちから誘いがあって彼らの自宅でご馳走になったとか、どこかに釣りに連れて行ってもらったとか、一日おきに決まってバナナやパパイヤなどの果物を持ってきてくれるとかの話を聞かされ、我が社の社員が現地の人たちに心から受け入れられ感謝されていることを感じたものです。

学習型企業づくりへ

技術指導項目は、初期期間には、当然ながらすべての分野に対応しなければならないので、数名のそれぞれ専門分野のエキスパートを派遣します。ある期間を過ぎると、指導スケジュールに従って、特定分野の者が残ることになるのですが、このことが新たな意味を持つことになりました。

指導する分野は、プレス運転技術、加工用金型取付技術等、主にプレスに関連する分野。金型再研削と組立技術等、金型に関連する分野。加工する原コイルは、厚さが〇・五ミリで幅が一三八〇ミリ、重量は一五〜一八トンくらいあるのですが、それを必要な幅、たとえば六〇ミリとか四一ミリなどにしていく仕事がスリッター（連続丸歯剪断機）作業で、この歯を組んでいく仕事も大変技術を要求されますが、このスリッター作業関連分野、などです。

この厚さ〇・五ミリの電磁鋼板は大変ナイーブな性質を持っていて、剪断されたり、打ち抜かれる時のショックで、もともと形成されていた鉄の粒子が細かく破砕されてしまいます。そのままだと、電流が通過するとき、その細かく破砕された鉄の粒子の壁にぶつかって、乱反射して飛び散り、目的地へ辿り着く数が減ってしまいますので、鉄の粒子をもともと持っている性質の大きさまで再結晶させるために、もう一度九〇〇度近くまで昇温させてから、ある温度までゆっくり下げる時間を置いてあげる丁寧な作業工程があります。

熱された鉄が空気に触れると当然酸化してしまいますから、窒素を主成分とし、水素が一定比率で構成されている還元性と呼ばれる雰囲気を維持してあげる必要があるのですが、それを単体ガスで混入しながら使うと大変高いコストになるので、ブタンガスなどを燃焼分解しながら封入していくことになります。連続炉ですから、その操作上の問題では機械屋としてベテランである必要があると同時に、質的なコントロールの部分では化学屋としても高い知識が要求されます。マレーシアなどでは、日本国内と違ってブタンガスやプロパンガスの品質にばらつきがあることが問題でした。原料になるガスの品質にばらつきがあると、燃焼分解のとき、窒素分八六パーセント、水素分一二・五パーセント、その他が一・五パーセントと設定して封入しているつもりが、組成が変わってしまいます。水素の構成比が一五パーセントを超えると爆発の危険性もでてきます。

このように全く専門性が違うのですが、初期段階を過ぎ指導スケジュールに沿って特定分野の担当者だけが駐在している時に、駐在員の心を揺さぶるようなことが起きてきました。こちらから派遣される時には、担当分野がどの分野であるかは明確です。しかし、現地の社員にとって、我が社から派遣される指導員はすべてに通じている神様のような存在として受け止められていることが判ってきたのです。私は専門がプレス屋なので、スリッターの不具合については判らないとは言えなくなっていったのです。

たとえば当時、我が社関連で連続熱処理炉は、国内三カ所の工場で六基が二十四時間稼働していました。

夜中に、マレーシアの駐在員からその時間に炉を操作している担当者のところへ、こういう場合はどうしたら良いのかなどの質問の電話が入ってくるようになったのです。マレーシアにいる駐在員は金型が専門であったりするわけですから、基本を教えながら緊急事態にも対処させねばならないことになります。

重大な問題を含んでいるような場合には、翌日、専門分野の担当者がすぐ現地に向かうということもまありました。みんな真剣で生き生きした働き振りになりました。その頃から、工場内のあちこちで、今日、A君が先生でB君とC君が生徒になって勉強しているかと思えば、翌日はB君が先生でA君とC君が生徒、その翌日はC君が先生でA君とB君が生徒になっているという光景が随所で見られるようになりました。みんな現地社員の期待に応え、これは判るけれどこれは判らないと言わないで対処したいという切実な思いで始めていますから、教える方も、教えられる方も真剣そのものでした。

そうなると不思議なことに、社員の日常のあり方や会話の内容まで変わってくるものなんですね。これが学習型企業というものなんだろうなと、私も妙なところで感心させられたものでした。

(三) 社内失業をつくる——逆風を徳とするために——

一方、翌年三月に始まる新年度経営計画の方はどうなっていったかをお話ししましょう。私の出した基本方針は「逆風を以て徳とす」でした。説明も充分したつもりでしたが、方針を出した翌月、八月の部課長会議に出てきた各部の第一次案は、軒並み縮小均衡に向かう内容でした。私は「これは私が掲げた基本方針に対し五〇パーセントしか応えていない」と言って全部門に第一次計画案を突っ返しました。

何故、「徳とす」といったのか、もう一度考えようと話しました。逆風が強く船が転覆する危険性があるので、帆を絞ろうというだけなら徳とは表現しない。向かい風なのに、順風と同じように風力を使う対応を発見でき、しかも実際にその力を利用できたら、その時こそ逆風に感謝すべき徳があったということになるのではないかと説明したのです。

もっと具体的にいうと、現在よりもさらに損益分岐点を下げる努力をして、同時に、その損益分岐点が下がった状態で最大生産能力と販売額を今までより大きくすることができないか。さらに判りやすい形でいえば、社内全部門それぞれが具体的に何名の社内失業者を生み出すことができるかの取り組みということになる。社内失業者を実際出すことができたら、その半分はさらに社内失業者を生み出す開発にあたることとし、残りの半分は取り敢えず自分の給料を稼ぎだせる新たな仕事の創造に取り組むこととすれば、その途中でもしも幸せなことに突然の需要にぶつかった場合には、臨時的に本来の生産部門要員として力を発揮できることになるだろう。そうしたやり方を毎年継続して取り組むことが普通になれば、需要が落ち込んだ時にも充分耐えることができ、突然需要が増えた時にもチャンスを逃がすことなく対応できることになる。そういう体質が確立できるとすれば、そういう発想を与えてくれた逆風に感謝すべきであるし、我々を磨いてくれたのは逆風が徳を持っているからだと解釈できるのではないか、と付け加えたのです。

部課長は係長も加えて、自部門での具体的課題洗い出しに全力を挙げ、係長は部下の力を結集して具体的詰めに懸命な努力をつづけました。十月、十一月とつづけられた取組みで、十二月の部課長会議ではほぼ形が見えるほどになったので、一月の部課長会議で確定しようとみんなの努力に感謝し、励ましの言葉で締めくくりました。

一九七六年（昭和51）の年が明けました。新年の挨拶で、私はまた新しい課題を全社に提示しました。翌年一月一日から完全週休二日制を実施しようということでした。そのためにはこの一月に確定予定の新年度計画に、さらに一三パーセントのコストダウンの上乗せが必要という内容でした。

一三パーセントというのは、公共料金の値上がりと諸物価の値上がりで会社経営の負担が増加することに対応するためと、それを上回り実質的な賃金増を達成するための原資の獲得、週休二日を実現することによる稼働時間減少をカバーするためなどを合算した数値でした。それを九月までに計画を詰め、十月には実際に実現して、余裕を持って一九七七年一月一日の完全週休二日制実施を迎えようと呼びかけました。

これには、さすがに当社の労働組合も、取組みのピッチが早すぎる、時期を延期してもらいたいと反対してきました。しかし、休日増加は世界の趨勢で、中小企業といえども長期には避けて通れないと断固として譲りませんでした。

こうして三月、当社の新年度である昭和五十一年度経営計画がスタートし、さらにそれに一三パーセント上乗せするコストダウンの取組みが開始することになりました。

世の中というのは、読んでも読んでも読み切れないことがあるものです。このときは幸運の女神が我が社に微笑みを見せてくれたのだと思います。我が社の新年度方針に合わせるようにアメリカが建国二〇〇周年ということで、まさに突然テレビを主体にオーディオ関係まで爆発的に売れだしたのです。家電各社は干天《かんてん》の慈雨とばかりに増産体制に入りましたが、部品メーカーはほとんど縮小均衡をめざしやっと体制を整えたという状態で、我が社の同業者も同じ状況にありましたから、増産要求に応えられるのは我が社だけだったのです。月商二億五千万円の体制から二十名（ほぼ二〇パーセント）の社員が減っている状態で、この年九月と十月のピークには、月商三億五千万円を超しました。

㈣　全社一丸の源泉は労使の信頼関係にある

後にこの体制づくりを、全天候型企業づくりと命名したのです。

全天候型企業といっても、絶対的な頑健さを永久に保てるものでも、また、一定の形のあるものでもありません。間断なく前進的変化を自ら生み出そうという気風と実践力溢れた企業とでも表現できるでしょうか。ですから、その気風が弱まったり、実践力にかげりが見えたとたん、転落の坂を転げ落ちるリスクが高まります。何においても、間断なく自己を磨き上げる以外に万全への道はないということと思います。

そして、この私の体験の過程でも、私自身のかなり強い進め方がままあったことに気がつかれたかと思います。それを可能にしたのは、いつの間にか築かれていた労使の強い信頼関係の存在です。やはり、最も基本的な力の源泉は、労使の信頼関係にあると申し上げておかねばなりません。

繰り返しになりますが、当時、全国金属に所属する労働組合ができたら、企業がつぶれるとまで恐れられていたその労働組合を抱え、一度も赤旗（労働組合旗）一本立てさせることなく、危機に遭遇するたびにますます全社一丸体制を強めながら業界トップにのし上がり、全国の労使関係モデル企業をめざそうとまで労使共々語りあえたのは、とりもなおさず強い労使の信頼関係があったからだと思っています。

信頼関係の構築こそ要《かなめ》であり、それこそ全社一丸体制づくりの基盤ということになります。そして、そのことこそ、「労使見解」精神の大もとということです。

三　「何のために」を不断に問い直して
――「大きな目的」への旅日記から――

――全天候型企業づくりのお話、経営者とはいかに厳しい立場に立たされているのかをあらためて痛感しました。全天候型企業とは、全社一丸体制を基礎に、革新しつづける企業体質をつくっている企業であること、そうした強靱な企業づくりこそ「労使見解」の目指すものであり、その基盤には労使の信頼があり、その信頼関係を築くものこそ人間尊重の精神だということも含めて、よく理解できました。

ただ、いったんはそういう革新的な体制をつくれても、企業が危機的な経営環境にぶつかったときなど、その体質を持続的に維持することは大変難しいことだといわれます。喉元過ぎれば……というのでしょうか。赤石さんのこれまでのお話には「持続する志」といえる強靱さを印象づけられました。それは序章のテーマにからめていえば「生きざま」にかかわるのでしょうが、赤石さんの持続には何か秘訣みたいなものがあるのでしょうか。

(一)　持続力を生み出すものは何か

お山の大将になっていませんか

端的に言って、人間の持続力は、不断の問い直し、何のためにという目的を不断に問い直し、より高めていくことによって、生み出されてくると思います。これが秘訣といえば秘訣ですが、人間は、それぞれの場面で、この秘訣に変化させうる種のようなものに出会いながら、その秘訣の種のようなものの存在に気づかなかったり、見失ってしまっている。そのために革新的な体質や発想法の実践力を持続的に維持できなくなっているのです。

わかりやすくするために、山登りに例えてお話ししましょう。

晴れた日など、車窓から富士山の神々しいばかりの姿が見られます。美しい富士山を見て、ぜひ、あの頂上に立ってみたいと感じた方も少なくないはずです。

それで頂上をめざすことになったとしましょう。

富士山に近づきその山麓の樹林に入った途端、山頂は全く見えなくなります。これは山登りの経験者なら誰しもが経験することです。それでも地図や磁石を頼りに歩きます。見た目は緩《ゆる》やかな登り道であっても十分も歩けば汗ばむ感じになり、三十分くらい登りが続けば、たいてい息が弾んでくるでしょう。それでも樹林が続くかぎり山頂が見えることはありません。

疲れがかなりひどくなったころ、樹林の中にあるやや小高くなったところに辿り着くと、なんとなく初めからそこに辿り着くことが目的であったような気になってしまうのが人間なのかもしれません。

全天候型企業、つまり、間断なく革新に挑戦し続ける体質と実践力を持続的に維持している企業であることの難しさは、経営者、とくに社長が、この小高い小さなピークに辿り着いた時に、初めからそこに辿り着くことが目的でもあったように、そこに安住してしまうことが一番大きな原因になっています。小さなピークといっても、そこへ辿り着く最後の傾斜部分を登るときは結構大変であったはずなのに、その体験すら悪い方に使われることになったりしています。

こうしたイメージを頭に描いて、現実の企業現場に目を移して考えてみましょう。こういう仕事をやって地域や社会に貢献したいと情熱を燃やしているときとか、経営環境が厳しくなってなんとか危機を乗り越えようと社長自ら陣頭に立って頑張っている状況は、まさに、まだ小高いピークすら見えずに息を弾ませながら、しかし、歩みを止めずに登り続けている状況に例えられます。

からだ全体に疲労が感じられ始めたころ、幸運にも近くに小さなピークが見えてきました。よし、取り敢えず、あそこまではと重くなってきた身体と心にむち打ってともかく小高いピークに辿り着きます。リュックを近くの草むらにおき、突き出た岩角に腰を下ろして、今、自分の登ってきた道を見下ろしながら心地よい風に当たっているうちに、一休みのつもりだった気持ちが徐々に変わっていきます。なんと心地よい風だ。なんと心地よい座り心地だ。やがて、富士山頂を目指していたことなど忘れ去ってしまうのです。

「小成に甘んずる」というのとも違います。甘んずるというからには、まだ上があるという意識がありながら、自分の力からすればこのレベルが相応かという、あきらめ半分と満足半分が同居している状態といえます。しかし、小高いピークに居座ってしまった人間の心境には、まだ、上があるという意識が失われているのが一般的です。登ってきた道を見下ろしているうちに、出来上がった自分、小高いピークに過ぎないといっても、まさに、お山の大将になってしまうのです。そこまでなんのために登ってきたのかすら忘れてしまうようです。

自己満足は崩壊の始まり

そうなりますと、小高いピークが見え始めたとき、最後の踏ん張りをした自分の頑張りだけが記憶として残り、我が社の社員は、望みだけは人一倍だがさっぱり努力をしないとか、自分がいかに働いて今日の立場を作りあげたかの自慢話だけになってしまいます。

不思議なもので、人間の意識がそこまでいきますと、その人間がめざした価値観からずれ始め、話もだんだんエスカレートしていきます。いわく、努力した者だけが報われるのは当然である、その見本が私だといわんばかりになります。また、いわく、一体、君たち社員は会社の利益にどれだけ貢献していると思っているのか、我が社の看板商品のヒントを掴んできたのも、あのお得意と取り引きできるよう営業したのも私だぞ、もっとしっかり自主的に頑張らんか、などと社員を怒鳴りつけたりするようになります。

ここまできますと、心ある社員の気持ちは社長から離れていくのは当然です。ヒントを掴んできたのは社長であったかもしれません。大きなお得意に売り込んだのも社長であったかもしれません。しかし、それを社会全般に受け入れられるような商品に育て上げていくには、当然ながら全社員の目に見えない知恵や力の結集があったのです。

社長が心に描いている「社会に貢献したい」あるいは「この危機を乗り越えて、社員のくらしを安定させたい」ということに共感した全社の力の結集があったからこそできたことなのです。大きなお得意が継続して大きなお得意であるのは、社長の努力を無にしないためにしっかり対応していかねばという全社員の思いが継続していたからなのです。しかし、もう社長の気持ちの中には社員と一体になって頑張っているという意識は無くなっていると心ある社員は敏感に察知し始めているのです。

小高いピークに座り込んで、自分を出来上がった人間、成功した人間と思っている社長にはこうした社内の変化には気がつきません。小高いピークに辿り着く最後のところで一緒に頑張ってくれた社員を、ご褒美のつもりで部長とか課長に抜擢《ばってき》したら、最近、彼らは社長である私にろくに口もきかなくなった。たまに口を開けばふてくされたような、あるいは批判的なものの言い方に聞こえる。部長とか課長になったので自分で偉くなったと思い上がっているのではないか。せいぜいこんな調子になってしまいます。

もうお気づきだと思います。既に全社一丸体制は崩れ始めています。それも原因は社長自身です。全社一丸体制を崩す原因が、社長以外にあることはまれです。では全社一丸体制を確固たるものにし、全天候型企業体質を持続的に維持するにはどうするのか。

より大きな目的をもっていますか

もう一度、山登りの話に戻ってみましょう。もし、富士山の頂《いただき》に登ってみたいと思ったとき、全国の他の美しい山にも次々挑戦していこうと決意していたらどうなるでしょうか。そしてやがて、マッターホルンやエベレストまで足を伸ばし、できたら七大大陸すべての最高峰の登頂を心に描いていたらどうなるでしょう。そういう夢を描き目標にしていたら、たとえ最初の挑戦で体調不良のため小高いピークにしか辿り着けなかったとしても、そこに安住してしまうとか、ましてや、他の山々への夢をすっかり忘れて小高いピークのお山の大将などにはならないと思います。

夢の実現には参加の方法は幾つもあります。自分自身が直接できなくとも、他の人に託して自分の夢の実現に近づけます。エベレスト登攀をめざす人に財政的に援助するのもその一つでしょう。ザイルや酸素マスクなど装備品の開発を行うのも参加のうちと思いますし、そうした壮挙の社会的意義を広める活動に参加するというのも、ひとつの形だと思います。

こうした山にまつわる例からもわかるように、より大きな目的、つまり、より大きな価値の実現に目的を持っていたら、中途の小高いところに辿りついただけで自分が出来上がった人間だとか社員を見下すような社長にはならないであろうし、なり得ないだろうと考えるのです。

したがって、全天候型企業体質を持続的に維持できるかどうかのカギは、社長がより大きな価値の実現ということを目的として持っているかどうかにかかっていると言えます。

——企業の繁栄や安定をより確かにする力は全社一丸体制の強さに関わっているだろう。その全社一丸体制づくりには労使が共有できる大きな目的が必要である。結局、「大きな目的」をめざし続けることが、全社一丸体制づくりや全天候型企業づくりの成否を決める秘訣の種だということですね。この「大きな目的」とはどういうことか、それはどのように形成されてきたのか、あらためてお聞かせください。

(二) 「大きな目的」への私の道程

結論的にいえば「大きな目的」とは、自主・民主・連帯の究極的な意味である『万人にとっての「生きる、くらしを守る、人間らしく生きる」ことを確かにすること』だとたどり着きました。おそらくこの目的自体に反対する人、反対できる人はいないと思います。この目的は人類にとって普遍的であり、かつ、不変の命題といってよいと思います。もちろん、私もこの目的に一気に辿り着いたのではありません。どのように考えそこへ辿り着いたのか、これまでお話ししてきたことをまとめながら、粗筋《あらすじ》的にスケッチしておきましょう。

労働組合との関係づくり

スタートはやはり自社の健全経営をより確かにするための全社一丸体制づくりを考えることからでした。それにはまず労働組合との関係のあり方を考えなければなりません。

私が経営者の立場になった一九五九年（昭和34）ごろというと、労働運動の高揚期で、しかも、労働組合の指導的立場にある学者や影響力を持っている政党も、「労資関係」を利害が相反する「敵対関係」と位置づけていました。端的にいうと賃金を払う側と貰う側の利害は対立しているということです。そして、その論理の延長から労働組合の指導者は末端の労働組合に対し「資本家は敵だ。人間一人でも使えば、それは資本家であり、その敵である社長の命令に従うのは利敵行為である」と指導していたのです。

労使ともに労使問題には知識も経験も浅い時期ですから、労働組合員も上部にそう指導されると単純に従ってしまうところが多かったのです。これでは大きな力に守られている大企業は別として、数人から十数人の規模で毎日顔を突き合わせて仕事をしている中小企業で紛争が起きない方がおかしいくらいで、ましてや、全社一丸体制など思いもよらないことでした。

いくら日本経済が全体として右肩上がりの時期とはいえ、資本主義経済は常に競争にさらされています。仮に受注したとしても、社員がその任務を整然と秩序よく果たしてこそ品質やコストが維持され納期にも間にあうことになるのであって、組織的な指示命令が不徹底ではとても企業競争に打ち勝つことはできません。しかも、なんらかの事情で運転資金の不足をきたし融資を受けたくとも、当時は大企業が伸び盛りで資金需要が強く、中小企業には資金がほとんど回らない時代であったうえ、その企業の労働組合が活発であるというだけで融資を渋られるケースが間々《まま》ありました。そうなると、もう企業の命に関わることになります。こうした実情が、とくに中小企業で全社一丸体制が希求された理由です。

私は自社の労働組合と様々なことを徹底的に話し合うと同時に、一九六二年（昭和37）同友会入会と同時に労働委員会に加わり問題を抱えている企業を訪問したり、中小企業の多い地域で労使問題についての懇談会なども開催しました。そうした実践のなかから、「目的」について大きく考えていき、最終的に「大きな目的」にたどりついたということです。

人類全体の立場でより広く遠く：第一のステップ

その理解の深まりの内容を時系列的にいいますと、第一ステップでは、『労使関係を考えるとは、単に労使が円滑な関係を維持できるよう相対的なあり方を考えるだけではなく、社長自身がなんのために経営するのかの「大きな目的」を明確にして、それを労使が共鳴共有して共に実現に向かう状況をつくり出すことだ』との考えに辿り着きました。

当時、大変重視されていたある経済学のいう階級対立ということを、現場にあってどう妥協し緩和していくのかという立場ではなく、そもそも人類の揺籃期にはなかったはずの階級ということであれば、階級などを越えたところに全人類が希求した真理の姿があるのではないか、そこにすべての人間が共有できる

「大きな目的」が存在しているのではないかという模索の旅立ちでもありました。

物事を考えるとき、狭く深く考えることが適切な場合もあります。たとえば、自主とは何か、民主とは何かなどを考える第一段階では、先ずそのことに範囲を狭く絞って深く考えることが必要です。しかし、一つの答えが出てきたときにその妥当性を検証しようとすれば、歴史や現実から広く事実を拾い上げて検証してみる必要が出てきます。逆に、連帯とか、社会的規範ということになると、その文字の意味することだけを追求したのではほとんど用をなしません。ここでいう「大きな目的」とは、誰もが納得できる価値とその実現を目的として、すべての人間が共有できるものということになりますから、もはや人類全体の立場で考える以外にありません。そうなれば、考える範囲をより広く、より遠くまで拡げることが必要になります。それで当初は自然人類学や考古学、傍証的には地質学や地球史などにも範囲を広げました。

自身の生きざまとして日常的に実践する：第二のステップ

第二のステップでは、「社長自身がなんのために経営するのかの姿勢を明確にする」とは、それは単にスローガンにして書き出すとか、確信を持って話すだけではなく、『その大きな目的の実現に向かって夢と充実感に溢れて邁進する姿を、社長自身の生きざまとして、日常的に実践することだ』と腑に落ちたのです。

自分の価値観に基づき日常的に自然体ででてくる生きざまになれば、ことに当たって特別肩肘《かたひじ》を張る必要も、自分を取り繕《つくろ》う必要もありません。第一ブレる心配がありません。組織の全構成員がトップの価値観とそれに基づくトップ自身の日常の姿を見て納得し、その目的達成に共鳴してそれぞれの生きざまとして共有できたとなると、それは多少の利害で動揺が起きることはあり得ませんし、環境が厳しくなればなるほど、むしろ団結は強固となり戦意が強まるのは当然だろうと考えたのです。実際、私自身、自社のその後の経営を通してこのことを実感させられました。

それと、これは余談になりますが、この第二ステップを自らの実践課題として心に決めたときから、労働組合との団体交渉に際しても、清々しい風が常に私の心を爽やかにしてくれるようになりました。それは仕事の上やその他の場でも同様で、「大きな目的」といういわば大欲が自分の中心にあるわけですから、大きな目で見てその方向に収まるものであれば、取り敢えず是認する姿勢が自然に出てくるようになりました。

これは、大勢を決しながら小異はじっくり調整できることを意味しますから、無理のない完成を期待できることにつながります。それは常に淡々と物事に対処できる道でもあると理解しています。これは大きな目的という理念のもつ余徳でしょうか。

地域再生も視野に入れて：第三のステップ

ともかく、一九六二年（昭和37）に同友会に入会し、一労働委員として学び、議論し、相談活動もやりながら自社での実践も強めました。同友会で学んだことの自社での実践とその結果、曲がりなりにも全社一丸体制の成果であると自負できた実績と教訓が、一九七五年（昭和50）制定の「労使見解」結晶に寄与することができたと思います。

そして、「労使見解」制定を機に、東京同友会の支部長や副代表理事をやりながら、同友会とはどういう会か、どうあるべき会なのかを改めてじっくり学び直しました。一九七九年に中同協の幹事になり、翌年九月、静岡同友会が設営担当し焼津市で開催された第八回青年経営者全国交流会で、「全天候型企業づくり」をテーマに記念講演を担当しました。

そして、この記念講演がきっかけとなって、一九八〇年以降、全国の同友会を訪問する機会が大幅に増えました。そのころ、私自身は既に先ほど話した第一ステップを通過していましたから、同友会の本来あるべき姿との整合性を確かめる意味もあったのです。そこからさらに「自主・民主・連帯」の深い意味を探るプロセスを経て、八〇年代にはより鮮明に「大きな目的」が見え始め、九〇年代に入ったころには強い確信になっていったと回顧しています。

そのころ既に、大企業とくに家電や精密機械、自動車などの加工組立型産業が日本の対米摩擦の批判を避けるために、国内の地方に展開していた増設工場を閉鎖して、韓国や台湾そして東南アジアに再シフトしていく動きが始まっていました。したがって、東北地方などに見られるように、雇用が生まれ経済に多少でも寄与し始めたところが再び雇用を失いつつありました。

そうした現実に遭う機会が多くなったことから、同友会の大きな使命の一つとして地域づくりが残されていると気づかされました。そうなると当然地域にとっての「自主・民主・連帯」とは何かが問題になりますし、その地域振興の具体的ないくつもの核としての事業体、つまり、多くは中小企業など個々の事業所にとっての「自主・民主・連帯」とは何か、さらに、そこに働く一人ひとりの人間にとっての「自主・民主・連帯」とは何かが問われなければなりません。しかもそのすべてが整合性をもって、究極の「大きな目的」つまり、『万人にとっての「生きる、くらしを守る、人間らしく生きる」の実現』につながるものでなければならないという道筋が浮かびあがってきたわけです。

究極の目的に一体化していく

もう、充分ご理解いただいたと思いますが、全社一丸体制づくりは目的ではありません。全社一丸体制は全天候型企業づくりの手段です。しかし、その全天候型企業づくりも目的ではありません。全天候型企業づくりは、企業の存続発展のための手段です。そして、企業の存続発展は、社会貢献や社員のくらしの安全を保証するためですが、社会貢献にも小さな範囲や意味での社会貢献、中くらいの範囲や意味での社会貢献、究極的な大きな範囲や意味での社会貢献と何段にもなっていることを知らねばなりません。大・中・小というのは価値の重さの違いではなく、小は中の、中は大の、それぞれ一部を成し、究極の大きな目的の一部を構成しているといった方が正しい考え方と思います。

当然、社員のくらしの安定ということも、国民全体のくらしの安定を形作る一部として、また、国民全体のくらしの安定はアジア全体の、そしてアジア全体のくらしの安定は世界全体の、つまり全人類のくらしの向上と安定の一部を成しているという位置づけで考えていかねばなりません。したがって、まず、自社の社員のくらしの安定、社会貢献を実現していかねばなりませんが、同時にそういう価値観を広めていく努力もしなければ大きな目的には到達できないことになります。広めていくためにも、自社が隆々としていなければ説得力もありませんし、第一、自分自身が動こうにも動けないということになるだろうと思います。

しかも、社会貢献の究極的大きな目的と社員のくらしの安定の道筋が辿る究極的な大きな目的が、一つの大きな目的に合致し、一体になるものでなければなりません。それが、『すべての人間にとっての「生きる、くらしを守る、人間らしく生きる」を確かにすること』だと考えるのです。

この大きな目的に、人間としての究極・最大の価値観を持ち、かつ、その価値観に基づく実践力を持ち続けられるかどうかに、全社一丸体制づくりや全天候型企業づくりの成否も、そして、自分自身の人生の重みの軽重もかかっているると知らねばなりません。人生の重みとは財宝の重みではありません。この大きな目的に向かう日々の積み上げの重さ、作り上げていく連帯の重さであるとの確信を一層強められていくことを期待して止みません。

――「大きな目的」とは、地球上のすべての人間が「生きる、くらしを守る、人間らしく生きる」ことを全《まっと》うできる社会の実現ということになりますね。

テレビなどでは、飢えや病気で死にそうになっている子供や、砲撃や空爆で傷ついた子供の映像がしばしば報道されます。飢えや貧しさがもう慢性化しているような地域がこんなにもあるのかとつらい思いをしたりしています。また、温暖化のせいなどで、畑が砂漠化して作物がとれなくなって、移住せざるを得ない地域などの映像も報道されます。身近なところでも今回のアメリカ発の急激な不況で、派遣社員や臨時雇いの人たち、あるいは正規の社員であっても、解雇される人たちが次々でてきています。地域で経営している私たちは、もっと厳しい状況になるのではないかと心配しています。

ですから、すべての人びとが安定し安心して「生きる、くらしを守る、人間らしく生きる」ことができる社会の実現が「大きな目的」だといわれると、納得できますし、すべての人たちにとって普遍性を持った課題だということも理解できます。しかし、私の会社は十五人ほどの規模ですが、そういう話をしても、それと今日の仕事とどういう関係があるのといわんばかりの状況になりそうです。社内で理解を深めるとなると、私の理解とは別の考え方が必要になると思いますが。

㈢「大きな目的」を全社のものとする

大きな目的とか、究極の目的とかについて、突然、社内で話したとしても、おっしゃるような状況がごく普通で、皆さんの会社が特別とは思いません。

そもそも、社長だけが学びを深めた結果、「究極の目的」実現に人類最高の価値を認め、それを自分の「大きな目的」としたとしても、それで終われば、「大きな目的」は宙に浮いている絵に描いた餅に過ぎません。画餅ではなく現実のものにするためにどんなことが必要なのか考えてみましょう。

全体像をもって足もとの課題から、社員の願いを集約

まず全体像をしっかりもった上で、すべては一人ひとり個人の意識改革から始めなければなりません。ただ、個人の意識改革と一口にいっても、人間は多様な存在です。ちょっとしたヒントで社長の言わんとしていることを即座に受け止める人、不幸にして周囲の人たちを単なる競争相手としか見られない育ち方をしてきた人もいるかもしれません。順序よく説明されれば素直に受け入れられる人もいます。中には、自分がいま社内でどんな働き手であるべきかなどの自覚とは全く無関係に、人類はこうあるべきだと結論だけは社長と同じという人間もいるはずです。したがって、大きな目的の内容以外は、そこへ辿り着くルートも、そのプロセスつまり段階的目的の設定や摑み方なども、納得してもらう説明の仕方も、多様であって当然と思います。これからお話しすることもその中の一つとして聞いてください。

私自身も、先ず、足もとの課題から実践的に取り組んだのはいうまでもありません。

自分自身が辿り着いた「大きな目的」の実現に向かって、全体をどうリードしていくのか、その実現への道に緩やかかな幅を持たせながらも方向は誤ることのないよう注意しなければなりません。しかも、おそらくかなり長い道のりでしょうから、みんなが見えるところに道標を作り、見えるからこそわかりやすい目標に向かって、その道標を一つひとつクリアーしていくことが、最も着実な歩みということになります。

まず、社員それぞれがどんな願いを持って日々働いているのか、聞いてみてください。きっと、あまりにも慎ましくもっともな願いであることに驚くかもしれません。たとえば、家族を持っているような場合には、夜、子供が熱を出したようなとき、すぐに医者に見てもらえる程度のお金の余裕は欲しいとか、子供が小学校六年生なのでそろそろ修学旅行の準備をしてあげなければならない、少なくとも、友達と同じような服装をさせ、同じようなものを持たせ、お小遣いも学校で決められた金額くらいは持たせたいというでしょう。また、野球が好きでどうしても少し離れた高校に行きたいと子どもが言っている、夢を叶えてやりたいという社員もいるでしょう。

私は社員一人ひとりとの面談、誕生会での聞き取り、そして一部アンケートなどでみんなの願いを集約しました。それらは、三つの分野にまとめられることに気がつきました。

一つめは、かけがえのない命を大事に、ともかくいのちつきるまで生きていたい。（両親や障害を持つ子供など）

二つめは、かけがえのない一生を悔いのないものにしたい。

三つめは、だけど、みんなからつまはじきにされたり、後ろ指を指されないような生き方をしたい。できれば、仲間から認められ、また、客先に喜ばれたり、感謝されるような仕事をして、当てにされる存在になりたい。

まとめられたのは以上の三つです。

それぞれの意味を深く考え辿り着いた結論は、これに応えていくことが「人間尊重」ということであり、それを一歩一歩実現していくことが大きな目的に辿り着くプロセスとしての目標、いいかえれば里程標ともいえる段階的な目的になるということでした。そしてやがて、三つの分野それぞれが、民主、自主、そして連帯の深い意味に対応していると気がつき、自主・民主・連帯それぞれの深い意味を具体的に実現していくことが人間尊重であり、自主・民主・連帯の深い意味こそがそれぞれ人間尊重の三つの側面を形成しているのだという考え方に至ったのです。

こうして、自主・民主・連帯の深い意味であると同時に、人間尊重の三つの側面の持つ素朴かつ究極の目的とは、『すべての人間にとっての「生きる・くらしを守る・人間らしく生きる」の実現にある』との表現に到達したのです。これは人間の持つ普遍的な願いであり、時代によって変化するものでもありません。また、変化させてはならない真理であると確信できます。

段階的目的を設定する

では、この「大きな目的」あるいは「究極的目的」ともいうべき目的に向かいながら、みんなに理解されやすい段階的目的を設定することについてお話ししていきましょう。

三つの側面のうち一つめの分野だけが、その一部を定量化できることがわかります。現在生きている社会において少なくとも社会的平均的レベルの生活を維持し、自分を含め養育義務のある子供や親の医療や介護費用、保健関係費に不安を感じなくて済む費用などを合算すると、年収はどのくらい必要なのかという部分です。

たとえばこのとき、社内のみんなで話し合い、過大な部分は削り過小な部分はプラスしたら、世帯単位の基礎部分は年間三〇〇万円で、その額に家族一人につき年間六〇万円を加算する必要があるとなったとします。一人世帯であれば最低が年収三六〇万円ということになりますね。それを自社の現状と比較したら一人世帯で年収が三〇万円不足していることがわかった。だけど一度で改善できないが三年で改善していこうと合意できたら、それが第一段階の目的となります。それを経営計画に盛り込む。そうすると、それはみんなによく見える目標となり、はじめて全社一体となって達成していこうという団結が強まっていくのです。

この点はたいへん大切なポイントと言えます。みんなが納得し合意したことが目標であり、その実現を保証するために経営計画が作られてこそ、経営計画達成に全社の力が結集するのであって、社長の考える企業発展のためだけの経営計画が先にあり、経営計画が達成できれば何かもっと良いことをご褒美的にできるぞというのでは、全社の結集はままならないのは当然と考えるべきでしょう。

もちろん、一つめの分野の中にも、「いのち」に関連して「安全な職場づくり、健康な職場づくり」や明るくてストレスなどと関係のない職場づくりなど、人間関係をいかに良くしていくかという課題と同時に改善に費用を伴うものもあります。それらの費用の捻出をどのように進めるのかの議論と経営計画への盛り込みも必要になってくるでしょう。また、二つめの分野にも、三つめの分野にも同様な配慮が必要な部分があります。

このように、人間尊重の日常化ということが極めて具体的なものであることが認識され、大きな目的に至る段階的な目的を設定し、それと経営計画との関係や、みんなに分かりやすい取り組み課題などを話しあっていきました。

社員の性格や状況に応じて

今お話ししたようなことを基本にしながらも、社員にはいろいろなタイプがあり、そのタイプによってより深く受けとってもらえる切り口や説明の仕方があると思います。私は大きく二つのタイプに分けた性格グループを想定して、随時タイミングを見てウエイトを変えた話をしました。

一つのタイプは、日常的な自分の働きがいや生きがいに関心のウエイトが高い、いわば心情派ともいうべきグループです。もう一つのタイプは、賃金や労働条件など以外はあまり関心がないという実感派とでもいえるグループです。もちろん、同じ人間でも、ある状況下では心情的なことに偏《かたよ》り、時には実感派的対応の方が理解しやすいというように変化するのが普通でしょうから、その状況判断も大切な要素と考えねばなりません。

まず、心情派に重きを置いた話の例についてです。人間が働くとは、その生涯に占める時間の長さから言っても、生きることそのものという認識から始めました。そうすると一人の人間が働く時、自分自身の仕事に意義を感じ喜びや誇りを持てなければ、生きるために食物を求めてただ動きまわる動物と変わりはなく、人間らしく生きるなどはお題目になってしまうことに気がつきます。それは社員にとって主体的な問題であると同時に、仕事の意義、仕事することの意義、誇りを持てる仕事づくりと位置づけなど、すべて経営者自身の課題であることにも気がつかなければなりません。

何故なら、社長自身がその仕事の社会的意義を自覚し、その仕事をやる意義も十分自覚し誇りを持っていてこそ社員も誇りを持ち、その誇りある仕事に日々携わっていることに喜びを感ずることになるからです。喜びを感ずるだけではありません。お客様の喜びや満足、社会貢献できている具体的な事実を実感できると、人間はさらなる貢献に自発的に挑戦していきます。

それに対し、もし社長が自社の仕事についてしっかりした位置づけを持っていない場合はどうなるでしょうか。こういう場合、しばしば感ずることですが、社員に対しても「仕事の手」が必要だから雇って賃金を払っているのだから、それ以上何を説明する必要があるのかという考えに結びついている例が多く見られます。

そのうえ、「ともかく、なんとか利益だけはあがっているわ」と、社長自身がその点だけに喜びを感じているような企業では、生きがい、働きがいに充実感を持ち、さらに自発的に自分を磨こうという社員が生まれるかどうかは疑問を感じます。さらに、うちの社員は、あるいは、最近の人間は全く積極性に欠けているとか、自分から技術を磨こうとしないなどと他人事のように愚痴をいっている人も決して少なくありません。すべて社長自身に原因がある自作自演であることに気がつかなければなりません。

それはそれとして、社長自身が自社の仕事に対してきっちりした掘り下げと認識を持ち、社員の認識も深まるよう努力していきますと、仕事全体としての意義や個別業務の意義などが社員に深まり、その深まりに比例するように社員の仕事量も質も上がっていくのがわかるはずです。それほどに人間の心の作用というのは大きなものであることを知っておくことが大切です。

一方、実感派といえる人たちに、あるいは心情派にやや傾いている人たちでも、たとえば、現実に自分の両親のどちらかがそろそろ介護が必要な状態になっていて、経済的な問題がネックになっているようなときには、自分の将来設計を含めてお金のことで頭がいっぱいになってしまうものです。従って、そういう人たちや経済的な問題で頭が一杯になっている状態のとき、生きることの意味や働きがいなどを話してもむしろしらけることが多いと思います。それよりも、みんなで頑張って収入を増やすことを考えていこうと言った方が遥かにピンとくるはずです。

そのとき、頑張る具体的な方法や、そんなときどんな阻害条件が出てくることが予想できるか、その場合どんな対応が考えられるかなどまで説明する必要があります。つまり、収入を増やす方法として生産性向上やコストの削減について目標を明示し、達成できたときに賃金などに上積みできる額も明示することです。ぜひそれに挑戦しようとなったときに、それを経営計画にしっかり入れ込むことです。ここでも社長の目標ではなく、社員の願いを目標にすることで経営計画達成が全体の目的となり、全社の総力結集につながることになるのです。

企業の内と外を結びつけて

ただし、こうした場合に繰り返し社員に認識させていかねばならないことが幾つかあります。一つは、とくに中小企業では企業内努力だけでは限界があるという点です。

主に大企業の地位の乱用によって、中小企業が適正な価格の決定権を事実上持っていないことです。系列的な部品製造業の場合が典型的ですが、汎用部品製造業でも、汎用小物完成商品の製造業でも同じことがいえるでしょう。雑貨類の小売店も似たような状況下に置かれていますし、生鮮魚菜類の小売り商店の場合も、近隣の大手スーパーなどが卵など特定商品を客寄せの目玉商品としてバーゲンセールをやれば、それらを適正価格では売れません。

また、大企業に比べ相対的に割高になっている税制。長年の中小企業蔑視感から高い金利や過重な担保物件や連帯保証などの必要な金融。大企業による類似商品の大量生産・廉価大量販売により、物やサービスの質を価格に反映できないケースなど、掘り起こしていくと際限がないくらい不利を背負わせられています。もちろん、長い同友会運動の成果もあって改善されてきた部分もありますが抜本的な改革までには至っていません。

こうしたことが現実であり、それが残念ながら大企業との賃金格差や労働条件の格差になって現れているからには、中小企業の地位の向上のために努力する一方で、現在支払われている賃金をくらしの充実により有効に使えるためにも、国による教育・医療・福祉などの充実が望まれることになります。

したがって、そうした事例や関係の抜本的な改革や不利是正のためにどうしても社会的努力も必要であり、それには社員も関心をもち積極的に協力もしてもらわねばなりません。ここでは本筋から離れますので詳しく述べる余裕はありませんが、実は労働組合の重要な役割の一つがそこにもあります。

このように、社員の願いから出発し、その願いを実現するための具体的な課題は何かを明らかにして取り組みを始めようとなったとき、全社の技術や技能のレベル、商品力、資金力、知名度や営業範囲の大きさと予想実需などの総合判断から、獲得できる大きさやスピード（期間）がおおよそ見えてきます。それに基づいて「社員の願い」実現の大きさやスピードを決定していくことになりますが、その時点での意思統一が重要な意味を持ちます。

もっと大きく、かつ、早くというのであれば強めなければならない要素はあるか、どのように強めるのかなどしっかり議論をしてみんなのものにすることです。そうすることでみんながよく見える目的となっていきます。

基本の課題の進め方は以上のようなことになりますが、社員の人生計画が安定して立てられるためには、企業もまた発展的に存続し安定していることが前提となります。そうなると企業の存続には、どんな条件が前提になるのかについても社員の理解が必要です。

中小企業がどんな社会的・経済的環境の中におかれているのか、それでよいのか、しょうがないのかの議論や理解も重要です。地域との関わり、顧客との関係、地球環境と自社の業務内容、自社の仕事のやり方と技術革新や生活様式の変化との関係、同業者の動向や流行の方向なども把握する必要があるでしょう。

視野を広くしての学びへ

また、さらに視野を広くとった学びも全社的に取り組むことができれば素晴らしいと思います。

有史以前の人類の歩みや有史以後の人類社会の歴史、ギリシャ哲学以来の哲学の流れやキリスト教教義の微妙な変化などを追い、特にフランス革命でフランス国民が「自由・平等・友愛」を掲げて戦った成果が人類近代化の幕開けになったという評価などを総合的に考えてみると、我々が目指すべき「大きな目的」とは何かが動かざる究極の姿として浮かび上がってきます。

それは一口で言えば、『全ての人間にとって、「生きる・くらしを守る・人間らしく生きる」を全う出来る社会づくり』ということになります。これこそが究極の「大きな目的」です。

そういう社会を実現するには、現在的に言えば、すべての命の母体である地球環境の保全を確かにすることが第一に挙げられます。第二には、資源の濫費や乱獲を抑えて資源の恒久化につながる資源節約型経済社会の確立ということになります。石油などのようにエネルギー化すればすぐに無くなってしまうものや金属資源もそうですが、食料の確保が難しくなるような魚類等の乱獲もしっかりコントロールして、自然資源が持続的に再生される範囲を守っていく必要のあることなども理解が深まり、それは必ず自社の仕事を考えていく上に活かされる知恵に変わります。

第三には当然、我々自身の問題です。すべての人間が人間としての尊厳を尊重され、仕事があり働きさえすればくらしが成り立ち、家族と共に安全で安心な日々を享受できる戦争のない平和な社会の確立ということになります。一口に人間の尊厳を守ると言っても、具体的に細かく述べると様々なことがありますのでここではひとまとめにした言い方にしておきます。

言うまでもないことですが、今、第一から第三まで三つの課題を挙げましたが、その順序が課題の重さの順序ということではありません。三つの課題は別々にわけることの出来ない関係にあり、三つとも同時に取り組まねばならない課題です。

そうした諸々のことが社内全体で議論され深められたとき、「そうか、あとは我々社員の頑張りがものをいうということだな」となれば、そこから全社の総力が生まれてくるということになります。

ここまで全社の議論と理解を持っていくには、社長の幅広い知識・情報の提供と、適切なアドバイスやリードも必要といわねばなりません。したがって、社長が現場の先頭に立ち率先して頑張っていることも社員への大きな励ましにはなりますが、それ以上に、今お話ししたような諸々について社長がより広くより深く学び社員の理解のレベルを上げる努力が要求されていることを知っていただきたいと思います。

万物にはつらつと挑戦していくという気概を持てば、学ぶこと、努力することが企業の発展と社員の安定と信頼、しかも人類の未来に貢献できるとなると、日々が充実したもの、新しい喜びが溢れるものになっていくのではないでしょうか。大きな目的に向かって経営者自身が率先して立ち向かう姿、つまり、社長自身の生きざまが全社の牽引力になっていくことでしょう。

第2章　「生きる」「くらしを守る」「人間らしく生きる」

――「大きな目的」の普遍性を確かめる

一　「素朴な願い」に導かれて

第1章の最後で、社員の持つ素朴な願いについて話しました。これは、一般国民といいますか普通の人間なら誰しも持っている願いと言っていいと思いますが、三つありました。

一つめは、かけがえのない命を大切にしたい。健康でありたい。与えられたいのちを全うしたい（させたい）。

二つめは、かけがえのない人生だから悔いのないように生きたい。

三つめは、だけど、世間からつまはじきにされたり、後ろ指を指されるような生き方はしたくない。当てにされるような、誇りを持って働けるような生き方でありたい。

この三つの願いは、経営者として私が、社員（労働組合員）との個別の話し合い、団体交渉でのやり取り、社員全体へのアンケートなどから最終的に集約したものですが、社員本人の視点からの内容になっています。

一つ目の願い「命を全うする」

最初の「かけがえのない命を大切にしたい」には、自分自身は当然として、家族全体への思いが込められています。話し合いなどで、最初に出てくる願いのほとんどは、子供を病気や災害から守りたいということでした。

子供は夜中に、突如、発熱したり、腹痛を起こしたりします。夜中に腹痛を訴えた。朝まで我慢させ、病院の開くのを待って連れて行ったら急性盲腸炎と診断された。直ちに手術ということになったが、もうすこしで手遅れになるところだったと医師にいわれた。こういう経験をした人は決して少なくないでしょう。幼児や少年期の子供が、日中、公園や周辺の空き地などで遊びの最中に怪我などをして、留守居の者が緊急に病院へ連れて行かねばならないことも少なくありません。

こういうことを考える場合、費用のことがすぐ頭に浮かぶようです。したがって、この「かけがえのない命を大切にしたい」という願いには、「どんなときにも、すぐ病院へ駆けつけることに不安がない程度の予備金を、常時持てるような賃金が欲しい」という願いが込められていました。少なくとも子供が心身ともに自立できるようになるまでは、子供の健康と命をしっかり守るのは親の責任であるとの心情には共感させられるところです。

「健康でありたい」という願いは、家族全員への思いではありますが、本人自身に対する強い願いでもありました。それは、一家の収入の柱であることの自覚と責任から生まれる願いといえます。

まず、日常の時間の中で最も長時間関わりがあり、リスクも一番多い勤務にまつわることに関心が集まります。安全で災害リスクのない働き場であって欲しい。明るく心身ともに健康を維持できる職場であって欲しい。一日の勤務時間も休日間隔も、休養と学びに時間をしっかり取れる体制であることが必要ですし、体力を充分維持できる食事がとれ、実務能力や教養を高めるための文献なども購入できる、これらは精神面から健康を支える必要賃金ということになるでしょう。この願いには、そうしたいろいろなことが含まれています。

「与えられたいのちを全うしたい（させたい）」という願いは、本人と両親に関わることです。

働く人は、健康で世の中が受け入れてくれる限り、何歳まででも働き続けたい。いわゆる「寿命」がつきるまでいのちを全うしたいと願っています。世間でよくいわれていることに、「定年になったら、急に老い込んで、数年もしないうちに亡くなった」という話があります。統計的に確かめられていることではありませんが、実際に見聞している方も多いと思いますし、社会一般に流布している話です。

定年は、長い間の経験から生まれた目安で、人間が働ける年齢の限界を大枠で示している具体的な区切りであると、肯定的な見方もあるでしょう。しかし一方では、「人間は、今日も働くぞ、という緊張感があってこそ心身ともに精気がみなぎって健康でいられる。働き場を失ってしまうと、精気の再生産が止まってしまうので急速に老い込んでしまうのだ」という見方も存在します。後者の見方に幾分でも理があるとすれば、定年あるいは定年後に対する社会の対応の仕方が、本来与えられている「いのちを全うさせる」ということを果たしていないことになります。社会全体の課題といえる問題と思います。

そして、両親のいる人は、まさに働き続けて、いま老境にいる両親に感謝の気持ちを持っています。一年に一度くらいは、夫婦揃って温泉にでも行っていらっしゃいと、小遣い銭を持たせて送り出したい。老人会や近所付き合いの行事などの時だけでも、何かの足《た》しにしてなどと言って僅かな金額でもそっと渡したい。そんな願望がこの言葉には横たわっています。

二つ目の願い「かけがえのない人生」

二つ目の願い、「かけがえのない人生だから、悔いのないように生きたい」という願いには、ごく普通の人生観が前提になっています。私が面談した人たちや、団体交渉の中でにじみでていると感じたなかで、大金持ちになりたいとか有名人になりたいとかを、悔いのない人生の目標と考えている人は皆無でした。

プレス職人を数年間やった後、どうしても「絵」を描きたい、画家になりたいと退職を申し出てきた者がいました。絵が好きで休日を利用して写生に行ったり、それを原画にして油絵の制作を一生懸命やっているのを周囲もよく知っていました。二〜三年、メキシコでじっくり制作に打ち込みたいという彼に、それぞれが応分の餞別《せんべつ》を出し合って送り出しました。

彼のようなケースは珍しいことです。多くの場合、企業の中でのどれかの職種、幾つかの職場を訓練経験し、最後に配属された職場での職種で一流の人間になりたいというのが大勢を占めていました。このことをつぶさに考えますと、入社後一定の訓練期間後に配属された職種について、実務能力を高める勉強や実務そのものを質量ともに伸ばしながら努力すること自体に、働き甲斐、充実感を感じているか、その予感を感じているものと推測できます。その働き甲斐、充実感を保ち続けることが、結局、悔いのない人生になると考えている人たちが極々《ごくごく》一般的な存在であることは紛《まぎ》れもありません。

したがって、勉強できる場や条件を整え、個々を励ますことが経営者の重要な役割であることはいうまでもありません。人間の隠れている可能性を引き出すお手伝い、私流に申し上げれば「題名のついていない伸縮自在の袋」の存在に気づきを持たせるのも、経営者の大切な役割の一つです。

その可能性を開花させる努力、開花し始めることへの喜び、そのすべてが日々の充実感として満たされたときに、人間は自分の人生を「人間らしく生きた」と評価できるのだと思います。成果としての結果によって、自分の人生が「人間らしく生きたのか、違っていたのか」と判定する、あるいは、判定されるようなものではありません。仕事がどんなに厳しくつらいものであっても、その厳しくつらいことに挑戦する日々に、充実感、誇り、喜びを感ずることができていれば、それは「人間らしく生きる」日が続いていたのであり、その人生は「人間らしく生きた人生」であったと誰しもが思うはずです。

三つ目の願い「仲間として当てにされる」

三つ目の願いは、「だけど、世間からつまはじきにされたり、後ろ指を指されるような生き方はしたくない。当てにされるような、誇りをもって働けるような生き方でありたい」というものでした。

アメリカの心理学者マズローは、よく知られているところですが、「欲求五段階説」を唱え、「人間の欲求は、五段階のピラミッドのようになっており、底辺から始まって、満たされるごとに一段階ずつ上の欲求を志す」と説明しています。その欲求五段階は下から、生理的欲求、安全（または継続）の欲求、親和（または社会的）の欲求、自我の欲求、そして最も高い欲求が自己実現の欲求だとされています。

三つ目の願いというのは、三段階目の親和（または社会的）の欲求の段階、つまり、「仲間として認められたい」という欲求の段階、あるいはもう一つ上の「仲間に尊敬されたい」という段階に少し入り始めているかもしれません。

こう申し上げると、いやいや時代は変わりましたよ。勝手な奴が増えました。マンションの隣同士なのに挨拶もしない。同じ会社なのに協力する姿勢が全くない。などなどいろいろ出てきそうです。しかし、事情をもう少し冷静に考えてみましょう。少なくとも現在の日本において、完全に孤立無援で自足自給の生活は成り立ちません。電気というエネルギーからはなれた生活を基本として、どこか人知れず山中にあって食料は仮に自給できる体制をとったとしても、衣料品は第三者の作ったものが必要になります。鍋・

釜はどうしますか。医薬品は全く必要ないですか。それらを手に入れるためには、自分の生産品を現金に換えるステップが必要になります。

人間には、必ず対人関係を持たなければならない局面が存在するのです。マンションで隣に住んでいて挨拶もしない人間も、何かで生計を立てて暮らしています。たとえば、その生計を立てるための「場」が、最も個人的に自由勝手に振舞える専門職同士の集まりで、おのおのが勝手に意見を言い合いながらでも結果として商売になる集団としましょうか。しかし、そういう場であったとしても必ず人間関係が存在しており、その場での人間関係が崩れれば自分の仕事が成り立たなくなることを知っており、最低でもなんなく破局にはならないよう振舞っているはずなのです。

このときの「振舞い」は第三者から指示されたり強制されたものではありません。自分で周囲の心的状況を感得し、強い意識は持っていなくとも自分の言い分をコントロールして破局を避けているのです。つまり、人間は一種本能的ともいえるほどに、人間関係の中での自己防衛のための社会性を潜在的に持っているということです。

つまり、その専門家同士の集まりのように、日時や場所、立場などについてかなり自由で、自分勝手なことも言い合えるという条件があるという、それ程にフレキシブルな場であっても、その場で仲間として受け入れられるかどうかには、暗黙であっても、れっきとした人間関係のルールが存在するのです。この

ような場にあっては、仮に四段階目に入り始めた者であっても、他のメンバーから、その場のルールに抵触していると見なされれば、一段階目の欲求を満たさねばならない境遇に一挙に突き落とされてしまうことには気がついているのです。だからこそ他からの指示や命令はなくとも、自分が感知した状況にみずか

83　第2章　「生きる」「くらしを守る」「人間らしく生きる」

ら従うことになるのです。

これは特別なケースであるかもしれませんが、いわゆる「世の中が変わった」という「社会的ラーニング（学習）」の上での環境条件の変化に影響を受けていても、人間心理の深いところでは、人類が数十万年にわたって築いてきた自己防衛としての協調性や相互交流の欲求など、人間の社会性は決して失われてはいないことを確認しておきたかったのです。

耐えることを通しての能動性の獲得

普通の人間の毎日を考えてみましょう。固定的な組織に身を置いて働いている者が圧倒的であり、普通に見られるくらしの姿といえますが、この人たちは組織の中で、一般的なマナーや協調性、組織としての規律などを、半ば自覚の涵養《かんよう》の上で、半ば義務として学び体得していきます。そうした社会性が身につくのと並行するように、入社時の、ともかく食うために働かざるを得ないという第一段階の欲求を先ずクリアしながら上位の欲求を目指すことになります。

あるときは拘束感も感ずる。しかし、何段飛びもして高い欲求を満たすということはできません。そのかわり、ここでは余程のことがないかぎり、三段目の親和の欲求へ辿り着いた者や四段目の自我の欲求に達していた者が、一挙に、一番下の欲求を望まざるを得ないという立場に追い込まれることはありません。

そうした職場における先輩たちの状況、つまり、当初耐えることによって将来にわたってのくらしの安心を確かにできるという事実認識をもつなどのプロセスを経て、やがて、三段目の欲求、仲間として認められたいという欲求に入ってくると、それを満たすための日常の行動は自律的なものに変化していくのが判ります。

仲間として認められたいという欲求が生まれるのは、いいかえれば、仲間と同等以上の力量を持って働くことに価値を見いだしたということでもあるのです。この意識は自覚的に生まれたものですし、仲間に入れてもらいたい、仲間として認めてもらいたいという日常的で素朴な自分自身の欲求ですから、その条件となる「実力をつけるという行動」には力が入ることになります。

こうして、半人前の力しかなかった者が一人前の力を発揮するようになることで、トータルの力量が上がり、成果もそれにつれて高くなるという結果に結びつきます。そのうち、誰かがもっと高い力をつければ、そこに同列に並べる力をつけることが次の課題となり、そうした螺旋《らせん》階段を登るような全体としての向上が、くらしを守り、さらに向上していくことにつながる充実感を持つところへ到達していくのです。

その過程で、仕事の内容や仕上がりが、お客様に喜ばれる、感謝される、褒められることなどをきっかけに、今度は、そうした心の充実感も満たされていくことになります。したがって、価値ある仕事をやっているという誇りと実感は、人間らしく生きているという充実感を強めることにもつながっていくことになります。

「生きる」「人間らしく生きる」「くらしを守る」

こうして、この三つの願いを一つひとつ私たちの働き生活している場の現実に即して考えてみると、どう考えても特殊な人間の特別な願いとは思えません。極々《ごくごく》普通の人間の、これまた極々平凡だけれども普通の人間にとっては至上である願いであるとの思いが強まってきます。したがって、素朴な、普遍性のある願いであるといえます。

この三つの願いは、その内容を象徴的に表現していくと、次のようにまとめられます。

一つめの願いは、「いのち」を守り維持するということで、まさに《生きる》という言葉に集約されます。

二つめの願いは、人間のもっている可能性を精いっぱい開花させる人生を送りたいということで、《人間らしく生きる》という言葉に集約されます。

三つめの願いは、人間の避けて通れない社会関係を大事にしながら生活をつくり人生を豊かにしていきたいということで、《くらしを守る》という言葉に集約されます。

ここで導き出された《生きる》《人間らしく生きる》《くらしを守る》は、普通の人間なら誰しもが自然体で抱いている素朴な、それでいて、価値ある生き方とはとか、人間らしい生きざまとはなどを真剣に考えれば考えるほど、必ず行き着く三つの願いにもとづくもので、それだけに人間が生きていく普遍的課題であり、目的であるといえましょう。

この三つの目的は、おそらく人間が数十万年にわたって求め続け、求め続けること自体が思考や行動の根っこにしっかり埋め込まれた文化になっているのではないかと考えられます。そのことを確認するために、以下、人類史のあゆみに重ね合わせながら、それぞれの原風景を辿ってみることにしましょう。

ただ、ここでお断りしておかねばなりませんが、いまあげた「生きる」「人間らしく生きる」「くらしを守る」の順番は、人類史のあゆみに沿うとき、「生きる」「くらしを守る」「人間らしく生きる」という順に課題となってきたことを考え、以下では、この順番にその原風景をたどってみることにします。人類がどのような苦難と冒険のなかで、どのような価値（文化）を創造してきたのかを追体験してみましょう。

二　「生きる」の原風景
——「群れ」の形成と平等と信頼の関係——

人類が誕生してから七百万年以上になり、その終わり頃、およそ十五万年前頃、我々の直接の先祖であるホモサピエンスが誕生しました。

その途方もなく長い人類の歴史から見れば、年代測定の誤差期間程度に入る二万年前頃まで、つまり人類の歴史の圧倒的期間、人類にとっての「自由」とは、飢えからいのちを守る自由、寒さや病から身を守る自由、自然災害や他の動物の危害から身を守る自由、そして、繁殖機能を維持しながら子孫を守り種の維持を確かにする自由、であったと考えられます。

事実、それが曲がりなりにも達成されてきたからこそ、現在の我々が生存し今日の人類の繁栄があるわけですが、この人類史の圧倒的期間、人類が求め挑戦しつづけた「自由」の目的が、「いのちを守る」つまり「生きる」ための直接的な条件についての自由であったことは確認しておきたいと思います。

これは生物である人間にとって原初的条件獲得の自由ということであり、「人間の尊厳」を守るというときには、基底としてありつづける条件であるべきことも確認しておきましょう。

では、どのようにして「いのちを守る」という自由を獲得し、「生きる」を確かにしたのでしょうか。それは「人間が、群れを形成して、協力し、共生した」ことにあります。

(一)「群れ」の形成と平等な関係

人類史の最も長い期間における人類は、人間に近縁であるチンパンジーやゴリラの生態に見られるように、食の確保や安全な睡眠場所の選定のために移動するとか、外敵から群れの仲間を守るというときのリーダーとしてのボスの存在や、日常的に生きる知恵を与えられることで自然に築かれる長幼の序的序列などがあったとしても、群れの中における構成員同士の関係は基本的に平等な関係が維持されていたと推測されます。何故《なぜ》、平等な関係が維持されていたと考えるかというと、それは、群れが持続的・長期的に維持されてきたことを可能にしたのが、構成員同士に人間として平等な関係だからこそ生まれる信頼関係があった、特に夫婦間に平等な関係があってこそ生まれる絆《きずな》があったからだ、と考えられるからです。

霊長類以外の動物が群れを継続的に維持している場合、その理由を考えると、狼のように共同で獲物を襲う方が食べ物を獲得しやすい。縞馬《しまうま》のように大群の中の任意のメンバーであっても、敵に襲われたとき一瞬にして一定頭数の群れを形成し、共同することで敵の攻撃を防御できる。また、大群を形成するイワシやサンマなどの魚類のように、一部が敵にやられても多くは生き延びて種の保存がはかられる。などの例があります。厳密に考えていくと、このどれも人間には当てはまりません。

人間が直立二足歩行をするようになってから千四百万年以上経過しているといわれています。直立二足歩行するようになったことで、直立した頭骨《けいこつ》がより重い頭部を支えられるようになって脳の発達が可能となり、前足が「手」になったことが道具の製作につながって人類の発展を可能にしました。しかし、一方で失ったものがあります。四足使える他の動物がもっている敏捷性《びんしょう》はかなり失いました。特に、出産直前や直後の女性の敏捷性や運動の持続力は大きく減退したと考えられます。

敏捷性や運動の持続力を大きく減退させている出産直前直後の女性を、同じ隊列に加えたままでは敏速に動き回る獲物を追うことはできません。したがって、群れを作っていた理由や群れを持続的に維持できた理由が、群れであることの方が獲物を獲得しやすいためとはいえません。

縞馬や牛の仲間のような場合には、ほとんどの植物を食料にできますから食料は身近な周辺に無限にあると言えます。こうした条件を持っている場合は、群れというよりは大群を形成し、他の肉食獣から狙われたときには咄嗟《とっさ》に周辺の仲間と防御態勢を組み、まかり間違って何頭かが敵に倒されても大群ゆえに種の維持を可能にしていきます。これに対し、人間が食料にできるものは特定の木の実や特定の植物の若い芽などに限られていたと思われます。当然、群れを大きくすることは食料確保が困難になるので、大きな集団を作るわけにはいかなかったでしょう。ですから、突然、害獣に襲われたために防御ができず構成員の何人かが倒され、つまり食料確保の働き手を失って、群れの食料確保ができなくなったとか、繁殖機能を失って群れそのものが衰亡消滅した例など、数えきれないくらいあったことと推測されます。

そうした体験を通じて、食料確保が比較的容易で、多少不慮の死にぶつかる者がでてきても繁殖機能を失わない、という二つの条件を満たす群れの大きさが徐々に固定形成されていったのだろうと思います。

信頼で結ばれた相互関係

群れは、食料が豊富なところに移動し、ある期間滞留したことでしょう。しかし、数日か十数日間滞留すれば周辺の食料を食べ尽くします。その場合、次の場所を求めて移動するか、あるいは、ねぐらとしている滞留拠点は動かさずに、食料を求める働き手だけがより遠くまで出かけていくか、どちらかだったと考えられます。

このとき、出産直前直後の女性はねぐらに残ったと考えるのが自然ですが、ねぐらに残ったのはこうした時期にある女性だけではなかったでしょう。親を失った乳幼児、働き手にはまだ加わることのできない年少者、病弱者や老衰者もいたでしょう。出産直前直後の女性はそうした残留者を見守り、幼児なら危険な場所に近づかないよう監視したり、場合によっては介抱的な手も差しのべながら、働き手の帰りを待っていたことになります。

ねぐらが海浜にあり、働き手が遠くまで見える砂浜沿いに魚介類などを探しているような場合でも、大地は未開の大地です。ねぐらが山中にあったり、河岸段丘の上や小さな谷間の小さな平地にあったとしたら尚更《なおさら》でしょう。働き手がねぐらを離れて、ものの五分も経たないうちに、働き手の姿はおろか気配さえ感ずることのできない静寂さに戻ってしまったことでしょう。

そういう状態でねぐらに残った人たちは働き手の帰りを待っていました。持ち帰ってくる食料の量が、群れ全体を満腹させられる量なのか、ひもじい思いを我慢しなければならない量なのか。それどころか、ねぐらに戻ってくるのかどうかさえ確証はありません。それなのに、ねぐらに残るいわば中核的存在である彼女たちは、他の乳幼児や病弱者、老齢者を束ねてじっと待っていたのです。

私はこの点を重要なポイントと考えます。不安を抱えながらもじっと待てたのはなぜでしょうか。残留者、特に大人の思考をもつ出産直前直後の女性たちと、ねぐらを出ていった働き手との間に信頼関係があったからと考えるのが最も自然と思います。少なくとも、暴力や権力で拘束された関係でなかったことは確かです。もし群れが暴力や権力で拘束されたものであれば、この留守の時間帯というのは運動能力が低下していたとしても逃亡を可能とする機会であったからです。この点も重要なキーポイントといえます。

信頼関係とは、相互に当てにし、当てにされることを是《ぜ》とする相方の自意識で結ばれた相互関係です。人間以外の動物にあっても、親の懐で眠る子供の表情や姿態からは、親を信頼し切っている安らぎを感じます。しかし、それは親の持つ本能の発露というべきものでしょうし、親子が特別の関係にあってむつみ合うのは一定期間であって、やがて、親は次の繁殖に取りかかるために、いわゆる子離れの作業に入る動物もいます。人間の持つ意識的な信頼関係とは別個のものと考えるべきでしょう。

親子関係や婚姻関係という特定の関係の特定の期間にだけ成立するのではなく、様々な個体との間に意識的に成立し、しかも、疑う余地もなく、「相互に当てにし、信じ合える関係」が持続している状態を信頼関係というならば、信頼関係とは人間だけが持っている意識の産物であるといえます。

さらにいえば、信頼あるいは信頼感とは、その人間の発想の根幹や、それに基づく行動のあり方に納得し、共鳴もできて、その上、その人間の行為がブレることなく持続しているときに、半ば尊敬の念を込めて生じてくる意識ともいえます。信頼関係は、単に優しい言葉を掛け合うというだけで生ずるものでも持続するものでもありません。

(二) 群れ全体の「いのち」と「絆」の自覚

ここで再び、森の中か河岸段丘の上かどこかに、ねぐらを構えている人間の群れに目を戻してみましょう。

山間の夕暮れは季節にかかわらず早く暮れます。我々の直接の祖先であるホモサピエンスは、およそ十五万年前後に誕生しました。中国では、それより遥かに古い八十万年前から二十三万年くらい前に生きていた元謀《ユンモウ》原人（雲南省）、藍田《ランシャン》原人（陝西省）、北京原人が発見されており、北京原人は火を使っていたと考えられています。発見された洞窟内に厚い灰の層がありました。その洞窟からは簡単な石器や大量の小動物の骨も発見されています。

したがって、今われわれが覗き込もうとしている群れの構成員は、それより遥かに進化を遂げたホモサピエンスですから、すでに火を使うようになっていたと考えられます。ねぐらで待っていた者たちは、ねぐらの周辺の林から粗朶《そだ》などを集めてたき火を焚《た》いて待っていたかもしれません。そこへ働き手たちが帰ってきます。

山菜や木の実を一杯収穫して帰途につこうとしたとき、突然イノシシが現れました。勇敢に立ち向かった若者の一人が足を滑らせて横倒しになったとき、イノシシの牙が腹をえぐったようです。仲間に背負われねぐらに戻ったときには、もうほとんど虫の息でした。回生の医術などまだ持ち合わせてはいません。祈る神もまだいなかったかもしれません。

群れ全体が食べられるように必死で頑張って食べ物をたくさん持ち帰ってきた喜びはありますが、若者の生命《いのち》は今消えようとしています。すでに生死の区別は意識されるところまでホモサピエンスは進んでいます。たき火の側《そば》に引き寄せて、血の気が失せて冷え始めた身体を少しでも温めてあげようとするのが、精一杯のできることであったでしょう。

生死の区別がついたときから、自分の生命の大事さは自覚されていたでしょうが、同時に一人ひとりの生命は、群れを支える群れ全体のいのちでもあったのです。何故なら、群れ全体で出産を支え、群れ全体で育児を支え、山菜採りや木の実採りに際して技能を教える傍《かたわ》ら、毒を持つ植物の見分け方、魚介類のより集まる場所の見つけ方や小動物の捕え方などを伝授し、群れの働き手として一人ひとりを育てていくことによって、群れのトータルの力を維持し、群れの存続を可能にしたと考えられるからです。

したがって、孤児もしっかり育てられたと考えるのが自然です。また、いかに有能であっても単独では生きていけませんし、仮に生きていけたとしてもその一人の生命で終わりになってしまいます。群れは一人ひとりの生命を維持するためにも、種として生き延びるためにも必須の形態であったのです。

こうして、一人ひとりの生命の重さは、群れの成員にとって等しい重さであることが実感として積みかさねられていったのだと思います。同時に、群れの維持に反することは、他の成員から厳しく弾劾されたでしょうが、特定の成員に力が偏《かたよ》り、その特定の人間の恣《し》意《い》の赴くままに群れが左右されるなどは起こりえなかったと考えるのが自然です。

基底としての「生きつづける」こと

生きる、生きつづける、そして種の保存も確かにする。この大事業を持続できたのは、群れを維持するために、成員の生命を等しく大切なものとして相互に大事にしあい、その平等な関係が維持されていたからこそといわねばなりません。平等な関係の維持は信頼関係を生みます。この信頼関係の絆によって、群れの団結はより一層強固となって、生きるという原初的課題をクリアし、今日の人間繁栄につながったと考えます。

そのように、平等な関係を基礎とする絆が一層強まることで、群れ全体の絆がさらに強まる歴史が積み重ねられてきたわけです。そして、今から数万年前ごろまでには、労働とそれによって獲得できた知識によって、水害や高波に備えるための住居立地が考えられ、地震や台風などにより倒壊の危険に曝《さら》されていた住居を強度のあるものに進化させ、傷や毒に有効な薬草を選び出すことに成功し、より高タンパクで腹持ちのよい食物として魚や動物を捕らえる道具や狩りのやり方の開発に成功してきたのが人類の歴史であったのです。このことは、「いのちを守る」つまり「生きる」をより確かにする自由を多様に獲得してきた歴史といいかえることができます。

現代人が普通に持ち合わせる「かけがえのない命を大切にしたい。健康でありたい。与えられたいのちを全うしたい、させたい」という願い、つまり、「いきる」ことをより確かにしていきたいという願いを、より深く考える人ほどこの原点課題に真剣になるのも、このように人類が数十万年、数百万年にわたって求めつづけたことによって、「生きる・くらしを守る・人間らしく生きる」という願いが、もはや、文化人類学でいう人類としての文化、この場合、事実に即すれば基底部文化もしくは基底文化になっているからではないかと思い当たっているところです。

文化になっているとすれば、それは、思考様式や行動様式に反映することになりますから、いろいろな角度から、しかし、確実に現れてくることになります。もう少し先へ進んでみましょう。

三　「くらしを守る」の原風景

――協働する家族・連帯する家族――

(一)　役割分担がつくる「くらし」

人間には明らかに夫婦関係にあるペアが存在し、そのペアに平等を基礎として絆が生じていたことで、群れ全体の絆もまたスムーズに形成されていったと考えられます。そして、その群れを形成したことで、いのちの自由を獲得する最も基本である食料を獲得する精度を高め量の確保を拡《ひろ》げていき、そうした裏付けによって子孫を残すことにも成功してきました。

夫婦関係が平等な関係で成立していったのは、そのことが子供を産み、子供を守り育てていくうえで、最も合理的でより大きな総合力を発揮できると体得したからだと思います。

授乳を通じて高まっていく母子相互の情愛、その情愛が子に対する一層きめ細やかな気づかいとなって、子はすこやかに成長していきます。そして、妻が授乳を含め子に関わっているときは、食料確保の作業はできないわけですから、その時間帯に夫が食料確保に動き回ります。

まことに単純な論理が生み出す、まことに単純な風景です。一日の限られた時間の中で二つの重要事項を同時に全うさせる方法として、これほど合理的な役割分担の仕方はないということになります。

しかも、男たちが食料確保に当たるとき、ひとつの群れの中だけでなく、近隣の群れの男たちとも協力し合うことが、害獣から危害を受けることを軽減し、ときにはより大きい動物をしとめることも可能とすることを感得していきます。当然、その恩恵については妻たちの認識へと広がって、群れの中や近隣の群れの女性たちの親密度を濃くすることにもつながっていったでしょう。

そして、そうした役割分担をすることで、結果として「くらしを守る」ことを可能とし、夫婦関係が平等であったからこそ相互にいたわり励ましながらも黙々としてその役割に徹してくらしを維持してきたのが人間の歴史といえます。

しかし、歴史はスムーズには展開しません。ことに「役割分担」という名の、女性への差別はその典型です。たとえば、江戸時代は意外と離婚率が高かったといわれます。「子を生《な》さずは離縁」ということがまかり通っていたからとも説明されています。アテネの民主政では、女性や奴隷は政治とは関わりのない存在として、女性には参政権がありませんでした。

戦後の新憲法が成立するまで、日本では制度としての家父長制が存在し女性の位置は大変軽んじられたものになっていました。そうした制度による女性の位置の低さが、慢性的な窮乏の中で、あるいは大不況や一九二九年に始まった世界恐慌時に、貧農の子女が遊里に売られたり、極端に低い労働条件で酷使されるなどの悲劇の土壌になっていました。

もちろん、その土壌だけではなく、国民生活を軽視した国家政策により、一般国民の収入の向上は極めて貧弱なレベルで推移し、したがって当然、国民生活と表裏一体となっている中小企業の業況も企業基盤も一向《いっこう》に向上せず、言ってみれば国民総貧困という背景が存在し、それが女性を更《さら》なる苦難の道に追い込んでしまったといえるでしょう。しかし、悲劇の当人たちの心根の中には泣く泣く諦めの世界へ自分を追い込みながらも、それは実家の「くらしを守る」ためだという思いが唯一の心の支えになっていたのは否《いな》めないことでしょう。

さらに今日的問題を挙げると、ワーク・ライフ・バランスの課題があり、企業など組織の中での女性格差の問題もあります。これらの問題は、人間の尊厳を構成する基本的人権が現実的にどのようになっているのかを考えるときそれぞれ重要ですが、ここでは問題の指摘にとどめることとします。

どこかおかしい世の中

そうした様々な問題を含みながらも、夫婦を中心として「くらしを守る」という基本パターンは今日まで続いています。人間が数十万年かけて営々として積み上げてきた「くらしを守る」という中身はどのように進化してきているのでしょうか。

確かに、どの家庭を見ても、テレビや冷蔵庫、洗濯機、クーラーなど持っていない家はありません。電話は家族全員が携帯電話を持っている家庭も珍しくありません。自家用車もほとんどの家庭が一台以上所有しています。しかし、それで家族それぞれが時間にも余裕があり、学ぶこともくつろぐことも気の赴《おもむ》くままに暮らしているかといえば、決してそうは思えません。

ひところ、「千円亭主」という言葉が流行《はやり》ました。昼食代を含めた亭主の一日の小遣いの金額を、ちょっと少ないのではないのという軽い揶揄《やゆ》を込めた流行語でした。日本の勤労者の平均賃金はこの十年下がりつづけていますから、現在はどんな金額になっているのでしょう。庶民の収入が下がりつづけている中で、変な進学競争に巻き込まれて子供の教育費はもっと上がっているか据え置かれているとすれば、まず削られるのが亭主の小遣いかもしれません。食費をはじめ生活費全体も抑えなければなりません。その結果が、生鮮魚菜類・日用雑貨用品・カジュアル衣料などで一円でも安いものを探すという消費行動になっています。庶民生活が最近さらに厳しさを増してきているのを感じさせることに、スーパーの買物客が、値段を下げて売りつくしに入る午後六時以降に再び多くなる現象があります。

違った意図を持つ視点や解釈は怖いとつくづく感じるのは、こうした現象に対する政府やそれを取り巻く政治家や学者、政府のいう識者の中に加えられている経済人たちの発言です。その人たちは口を揃えて、一円でも安いものを探し出そうとする庶民の消費行動を、まだデフレ傾向が続いているからだといい、それをインフレ傾向に持って行かねばならないといいます。冗談ではありません。一円でも安いものを探し回っているのは、庶民の必死な生活防衛の現れと判断すべきが正解と考えます。

そう言うと、一方で、正月休みには三百万人を超える人たちが海外旅行をしているとか、一個百万円の福袋があっという間に売り切れたなどの話が出てきます。しかし、生活保護世帯が急増している事実や、介護保険や後期高齢者保険の新設などで高齢者の可処分所得が明らかに減っている事実などを考えると、家族連れの海外旅行者が多いとか、高額商品の売れ行きが良いとかなどは、むしろ所得格差が広がっている現れと懸念すべきことではないかと思います。

中には、「格差日本などと大げさに叫ぶ者が多いが、海外での貧困とは、餓死と紙一重《かみひとえ》なのに、日本では生活保護を受けている者が、働きもせず、こたつに入ってカラーテレビを一日中観ている」という識者までいます。もし、この言葉を私の創作とでも疑う方がいらっしゃったら、ためしにインターネットで

「ジニ係数」という言葉を検索してみてください。ヒット数の多いのにまず驚くかもしれませんが、その中に、今述べたとおりの言葉で論陣を張っている識者を確認できるはずです。

それはそれとして、この識者の言葉は、違う意味で私たちに問題を提起していると受けとめてみたいと思います。「餓死と紙一重の貧困」、餓死と紙二重なら、餓死と紙幾重なら貧困と言わないのでしょうか。

科学技術の発展と、それに支えられて工業化が大きく発展したことで、近代から現代の今日に至るまで、人間生活は物質的には飛躍的に豊かになったと言われています。しかし、負の遺産も同時に飛躍的に作ってしまい、今や温暖化の問題も私たちに鋭く迫ってきています。

二十世紀初頭、十五億人であった地球人口は、この世紀で四倍の六十億人を超えて二十一世紀を迎えましたが、現在、数億の人が一日一ドル以下の生活をしているといわれ、さらに一億前後の人たちが餓死線上にいるともいわれています。日本の国勢調査のようにはいかないでしょうから、多少の数値の変動はあるかもしれませんが、サハラ以南の地帯では貧困が大きい理由で人口の急増が続いていること、世界の数カ所で未だに戦乱状況が続き多数の難民が存在していることなどを考えると、地球上の現状についての大きな傾向は示されていると判断できます。

そうした現状を考えてみると、この識者の「餓死と紙一重」という一方での状況は当たっていると思わざるを得ませんが、一方では、明治維新以来約百四十年間の日本人の努力の成果はなんであったのだろうかと、あらためて考えさせられることになるのではないでしょうか。

確かに、国家としては世界第二の経済大国といわれ、正月休みなどに家族で海外旅行のできる人が三百万人以上も存在します。しかし、そういう国家経済が高水準にあることや、一部の裕福な人たちの存在とは裏腹に、現在（二〇〇九年八月）、それ以上の人が完全失業中で、生活保護を受けざるを得ない人もうなぎ上りに増加しています。くらしが大きく揺さぶられていることは誰の目にもはっきり見えてきています。明治維新当時、日本人の多くが餓死と紙一重であったのでしょうか。今、こたつに入って「日がなテレビを見ていて、お国から生活費を支給されている」といわれても、それは幸せといえるくらしの中でテレビを見ている状態なのでしょうか。幸せとはいえない状態としても、明治維新の状態よりくらしの安心感はどのくらい向上しているといえるのでしょうか。

一人ぐらしでも生活保護費だけでは、弁当が値引きになってから買いにいくような、一個のトマトを半分にして、半分は翌日食べるという詰めた生活を続けても、次の支給日近くになるとさらに切り詰め、お金の食い延ばしをしなければならなくなると聞きます。僅かなお金であっても、それを食費以外に自由に使えるささやかな楽しみなどは、もう二度と味わえない高齢者の哀しみが目に浮かびます。

こうした人生の悲哀をみずからは経験したくないと、人間は心から願い汗水流して「くらしを守る」努力を続けてきたのではないでしょうか。しかし、現実は今見てきたとおりです。どこか世の中、向かっている方向が違うと思わざるを得ません。人間の願いがどこにあったのか、連綿と続いてきた歴史の後継者として現在の庶民の願いがどこにあるのか、我々自身の判断の基準をどこにおくべきなのかを、人類の歴史をもう一度確かめ、今を見直すことも我々の大切な課題であろうと考えます。

(二) 分けあうこととくらしを守ること

群れを構成し、協力し合って、人間がいのちを全《まっと》うしていた時代に今一度目を戻してみましょう。群れ全体が協力して食料を獲得し、個別には多少の差はあったでしょうが基本的には分け合って食べたと考えられているわけで、この点が同じ霊長類の中でも人間だけが持つ特徴でした。

動物園でニホンザルの猿山を見学した人は気がつかれたと思いますが、飼育員が餌を運び込みますと、その周辺に一斉に猿は移動します。目立つご馳走《ちそう》にいち早く近づき手にするのは、ボスやメスの中でもボスに近い老女たちと、まだ幼稚園児といえる子供たちです。そして準幹部たちや若メスたちが続き、まごまごしていると十分な餌を手にできないのではないかと気になるのが生後三~四年以上のオスたちということになります。もちろん、整然とというわけにはいきません。はしっこいのがいてさーと飛び込んで餌を手にとるや風のごとく逃げるなど、どこの世界も同じかと苦笑が出ることもありますが、分け合って食べるということは一切ありません。

しかも、知られているように、ニホンザルは食料のあるところ、つまり餌場を移動します。その移動帯を含んだ餌場全体を自分たちのテリトリーとして守り、他の群れの侵入を許しません。つまり、餌場は群れ全体が協力して守るが、食事は自己努力ということです。もちろん、人間が餌付けをやって一カ所に定着させた大分市の高崎山の場合や、同じ九州宮崎県の幸島の猿は海の中に孤立していますので例外的なケースということになります。高崎山の猿は、人間から餌を確実に供給され、保護もされていることから繁殖し過ぎて、若手将校がかなりの同調者を引き連れて独立した群れを作っています。同じ群れから、ある日一挙に分裂したのですが、本家の群れが餌場で食事をしている間は、分家の連中は絶対に餌場に降りて来ないと報告されています。つまり、他の群れと餌場は同じにしないという基本がそんな形で行動に表現されているのだと解釈されています。

ずっと人間に近いチンパンジーやゴリラの場合はどうなっているでしょうか。チンパンジーもゴリラも、多分、より美味なもの、旬のもの、生理的な要求から必要とされるものなどの基準があるのではないかと思いますが、やはり餌場を幾つかもっていて移動します。ただし、ニホンザルと違うのは、その餌場を他の群れから守るという意味のテリトリー設定ではないと、京大アフリカ学術調査隊は報告しています。

さらに、同隊の報告によりますと、ひとつの餌場を複数以上の群れがラップして餌場としているということ、異なる群れが同時に争うこともなく同じ餌場を使って食事をしている事実も観察されています。しかし、個体の食事は、個体が自分でとります。みんなで餌を集めて、それを分け合うという事実は一例も報告されていません。

進化の歴史の中で人間に一番近いチンパンジーやゴリラも群れは作りますが、生きるための最も基本的な課題である食事に関してはすべて個体の責任となっており、そこに人間と決定的な違いのあることが判ります。人間の行為には既に「くらしを守る」という意味が濃厚になっているからです。

この点に関して、わたしはこう解釈しています。人間に一番近い高度な進化を遂げたチンパンジーやゴリラは、意識的に群れを形成し、また、ゴリラは他のゴリラ及びチンパンジーの群れの、チンパンジーは他のチンパンジー及びゴリラの群れの個体を識別し、顔見知りを判別する能力を持ち、顔見知り故に同じ餌場で食事をすることを許容する行動様式を獲得しています。しかし、それはあくまでも同じ餌場に他者がいることを拒否しないという範囲であり、食物の獲得と摂取はそれぞれ個体の努力責任であり、異なる群れの個体と同じ餌場に同時にいることをみずから許容するという単なる行動様式に過ぎないということです。

それに対し、人間は群れを作るという行動様式の中に、協力しあって「くらしを守る」という重要な意味を込めています。具体的には、たとえば、ひとつの群れの中の、あるいは複数以上の群れの協力によって餌を獲得し、成員全体に対して公平に分配する行動をとっています。そういう行動によって「くらしを守る」ことに成功してきたのです。協力共同し、成果を構成員全員が生きていけるよう公平に分配するという行動様式を「文化」にまで高めたことが、チンパンジーやゴリラなど最も近縁といわれる他の霊長類と決定的に違っていると私は考えるのです。

くらしを守る家族

では、この「食物を得て生きる」、つまり共同で食物を獲得し、全体で公平に分配して、生きるを全うし、「くらしを守る」という発想はどこから生まれ、何によって強められたのでしょうか。それは「家族」の成立に由来すると私は考えます。

「家族」というと、テレビで見たことのある「動物家族」などのタイトルを思い浮かべ、様々な動物の家族の風景に心を和《なご》ませたことを思い出す方もいらっしゃると思います。しかし、厳密に「家族」といえるのは実は人間だけなのです。

家族は、最も直接的な血縁関係にあり、核人格（コア・パーソナリティ）が形成される乳幼児期、社会性を形成し始める幼・少年期を最も濃厚な関係で過ごしますから、より強い情愛や連帯感が醸成されていくのは当然ですが、「くらしを守る」という視点から、ここで文化人類学の教えてくれることに耳を傾けてみましょう。

今西錦司博士は、人間家族と承認できる条件として以下の四つを挙げています。

① incest taboo（近親相姦の禁止）が存在すること

② exogamy（親族外結婚）が存在すること

③ community（地域社会）が存在すること

④ division of labor（夫婦間分業）が存在すること

他の動物にも家族らしい集団があるからで、この四つの条件をすべて満たしていなければ「人間の家族」とはいえないと厳密に規定しています。

この四つの条件を成立させるためには、

① 自我の確立と自己統制

② 群れの統制と群れ間の交流

③ 親密な関係をさらに助長できる不特定多数者の交流の場

④ 平等で情愛に満ちた夫婦関係

などがかなり深まっていることが前提となるでしょう。

自我の確立や特に自己統制などは、理性のしからしむものであり人間だけが持つものといえます。また、②についても支配という関係ではなく制御の範囲で自己統制が行われたものと考えられますし、さらに、③の不特定多数者との交流もその意味を考えてみる必要があるでしょう。

チンパンジーやゴリラの場合も、他の群れの個体を識別していて既知の個体同士であれば同じ餌場で顔を合わせても争わないことが確認されています。しかし、人間の場合はもう一歩進んで、場合によっては相協力しあえるレベルに親密度を深める交流が成立していたと思われます。その成果が狩りなどの群れ間の共同・協力につながったと理解されます。

その原点になっていたのは、平等で情愛に満ちた夫婦関係の成立であり、平等で情愛に満ちた夫婦関係があったからこそ夫婦間分業が相互の信頼で支えられたのだろうと思います。そして、群れはこうした情愛と信頼で結ばれている家族を基礎とし、しかも、その成員同士は地域社会の交流の場で親密度を高められていることで、複数や複数以上の共同行動や協力作業が可能になったのだと思われます。

四　「人間らしく生きる」の原風景

――人間としての尊厳性（人間らしさ）を守る――

㈠　「生きる」自由と「人間らしく生きる」自由

何よりも食物を手に入れ「生きる」という「自由」を確かにすることから始まった人類の歩みは、いろいろ体験を重ねるうちに、家族を複数含む群れを作ることが、より安定して食物の獲得と生命の承継が確かになることを感得します。我々の直接の祖先であるホモ・サピエンスの時代になってからでも、おそらくこの期間が十万年以上つづいたと考えられます。

この期間中、妊婦や子供、老いた親や病弱者などに対する扶助や気づかいの精神が、家族を中心に群れ全体に、当初は「個体のいのちを守る」必然性から、そして、漸次、意識的な心情もしくは情愛からの行動となり、さらに、思考様式や行動様式としての文化にまで高められていきます。こうしたプロセスは、他の動物とまったく異なる人間独自のあり方ですから、文字どおり「人間らしい」行動であり、先ず、このあり方が「人間らしく生きる」の原風景であると考えるべきでしょう。

この最も原初的な課題として獲得された「生きる」自由と、それをより確かにする共同・協力というあり方を守り維持するために、幾つかの行為の禁止や奨励課題が、群れ全体の自然な合意の結果、慣習化され、やがてそれは構成員として守るべき基本的な道徳として確立されてきたであろうと考えます。

禁止事項として考えられる主なものは、他の構成員を個人的な感情で傷つけたり、いわんや殺すことなどは最も排除されねばならないこと、また、他の構成員に分配された食物などをかすめ取るなどの排除等です。奨励課題としては、乳幼児や年少者、老人や病弱者の危険からの防御やいたわり、体験や技能の蓄積が多く学ぶべき教師でもある老人への尊敬などが考えられます。これらが、いわゆる道徳の発生の由来であり、道徳は長い歴史をかけて積み上げてきたものであることを確認しておく必要があります。この道徳の発生と展開ということについては、ぜひ記憶しておいていただきたいと思います。

話を別の側面から展開しましょう。まず、「生きる」自由が獲得され、それをより確かにするための共同・協力というあり方が結果として「くらしを守る」ことにつながりました。当初は主体的な意味としての「くらしを守る」ではなかったでしょうが、おそらく何万年かの間に徐々に主体的・意識的「くらしを守る」に変化していったと推測されます。そのプロセスで、人間関係の中により広く求められていったのが、「喜ばれる・感謝される・褒《ほ》められる」あり方であったでしょう。それは全く自然な人間感情の成り行きです。さらに、「当てにされる」ことの充実感や「喜ばれる・感謝される・褒められる」あり方を続けていたいという欲求が生まれて、「人間らしく生きる」という欲求の概念確立に向けての具体的な下地が積み上げられていったと考えられます。

整理の意味で言うと、そういう経緯を踏みますから、自由な精神活動発露としての「人間らしく生きる」という目的は、「生きる、くらしを守る」が明確な目的になってから十数万年後に個人の主体的な意識として現れたということになります。

洞窟壁画の意味すること

「人間らしく生きる」という主体的な意識のあり方がどういうあり方であるのかを、もう少し深めてみましょう。現存しているので確認できるという意味で、今、我々が確認できる具体的行為の一つに洞窟壁画があります。精神活動の自由な発露は絵だけではなかったでしょうが、洞窟壁画のように保存が利くものでなければ、今日、我々はその存在を確認することはできません。

およそ三万年前ごろの絵が発見されています。現在、最も古いものとされているのが、一九九四年にフランス南部で発見されたショーヴェ洞窟の壁画で、約三万二千年前のものといわれています。判明しているものだけで二百八十の動物画があり、その総数は三百を超えるといわれています。

最初に発見された洞窟壁画は、一八七九年にスペイン北部で五歳の子供が偶然発見したアルタミラ洞窟の壁画です。先史ヨーロッパ時代のマドレーヌ期（約一万八千～一万年前）と呼ばれている旧石器時代末期に描かれたものとされていますが、その後の調査でマドレーヌ期以前のソリュトレ期の最末期（約一万八千五百年前）に描かれたものも含まれていることが明らかにされています。当時は旧石器時代の絵など想像もしていなかったので、あまり信用されていなかったようですが、一九〇〇年代に入って各地で洞窟壁画が相次いで発見されたので、あらためて脚光を浴びたものです。

有名なのが、やはりフランス西南部で発見されたラスコー洞窟の壁画です。年代的には、アルタミラ洞窟壁画と並行する年代で一万五千年前ごろ、クロマニヨン人によって描かれたものとされています。一九四〇年、これも近くで遊んでいた村の子供たちによって偶然発見されたとされています。

ラスコー洞窟壁画は、アルタミラ洞窟壁画とともに、もはや「美術作品である」と評価されています。

特徴を幾つか挙げると、壁だけではなく天井にも描いてあること、絵の対象が豊富になっていることのほか、幾何学模様の彩色画や刻みこまれた線画も描かれていること、とくに注目されたのは遠近法が用いられていることです。また、絵に使われている顔料は、くぼんだ石などに貯蔵され、動物の毛や木の枝などで作られたものをブラシ様に使ったり、指なども使って描かれていることが確認されています。偶然思いついて、いたずら画《が》き的に描かれたものではなく、継続して絵を描く場所にしていたと推測されています。

(二) いのちを全うしあうこと

「生きる・くらしを守る・人間らしく生きる」という一連の課題の中では、いわゆる「衣食住」にメドがつき始めた段階で、「人間らしく生きる」の欲求が少しずつ展開され始めるというステップを経過したであろうことは先述したとおりで、人類史の上で見ると「人間らしく生きる」が最後に課題とされたものであることは異論のないところと思います。「毎日、金の心配ばかり」では人間らしく生きるなどを考えるどころではありません。それは経営者だけではありません。労働者にしても同じです。食えない人間に自由はありません。自由のないところに、人間らしく生きるなどは存在し得ないのです。

ですから、経営者にとっては、誠実な努力が正当に報いられる経営環境が必要であり、労働者にとっても、望みさえすれば働き場が保障され、誠実に働けば「人間らしく生きる」とはどうあるべきかなど、落ち着いて考える余裕のできる賃金や労働条件が保障される環境が前提になるわけです。

そう考えてみますと、「人間らしく生きる」とは、実は必ずしも、精神活動の自由な発露というい わゆる芸術活動といった、そういう限定されたものだけではないということが浮かびあがってきます。

もう一度原点から考え直してみましょう。逆に「人間らしくない」とはどういうことになるでしょうか。単純には他の生物との対比で考えることができます。体力があり元気なうちは、仲間が捕らえた獲物を横取りしても「生きる」を可能とします。獲物を獲得したという満足感はあるかもしれませんが、他と協調できた喜びや、ましてや他へ貢献できたという誇りや充実感はありません。

しかし、やがて年老い体力がなくなれば、やっとの思いで捕らえた小動物ですら奪われてしまう可能性が出てきます。十分な食料が獲得できず、そのために老いの進行を早めてしまうこともあるでしょう。移動する仲間から置いてきぼりになって、間が悪ければ他の動物に襲われるかもしれません。その難儀には遭わなくとも、身体の自由が利《き》かなくなって野垂《のた》れ死にで終わることになります。そんな一生が他の生物の一生かもしれません。

そう考えると、「人間らしく生きる」ことの内容がかなり見えてきます。まず、体力が低い人、活動力が充分でない人を仲間で助け合い生を全《まっと》うさせる関係のあり方です。子供や病弱者、老人などを扶助しながら「いのちを全うし合うこと」が人間の特質と考えねばなりません。ここで、生きることやくらしを守り合うことが最大の課題として何万年も続いたころに、その守り合うべきことが道徳といわれる内容になっていったことを思い出してみてください。全く同じ内容であることに気づかれるかと思います。

ずっと時代が下がって、専制国家とか封建制とかの時代ごとに、領主など権力を握った者が自分の権力維持のために、領主とは神の成り代わりであるとか、領主とは神によって民衆を治めるために遣わされた者であるとかいい出して、自分に都合が良くなるように領主を敬えとか、領主のために忠義を尽くせとかまで道徳の中に入れ込んだので、道徳とは何かが難しくなってしまったのだと思います。

そういう、後の時代の権力者が自分のために付け加えた部分を削ってしまうと、おそらく誰もが納得できる、あるいは誰もが異論を挟めない「人間だからできたこと」、「人間だからできること」、「人間だから守らねばならないこと」である道徳の意味と課題が浮き彫りになるだろうと思います。「人間らしく生きる」の原形はまさにそこにあります。

他人様の役にたつこと

「人間らしく生きる」というとき、実際の生き方としては大きくは二つの類型に分類できると思います。一つは、具体的課題を持っていて、たとえば、こういう物を作ってとか、こういうサービスを行ってとか、こういう分野の物事の本質を明らかにして、他人様の、つまり、世の中に貢献したいと全力を挙げて生き抜く人たちです。起業家、研究者、様々な分野でみずから夢を持っていそしむ職人、芸術家、弁護士、学校の教師、医師、看護師などの人たちがこのタイプと言えると思います。もう一つのタイプは、仕事を通じて他人様の役に立ちたい、他人様に喜ばれるように仕事したいと願う人たちです。普通の職場で働く最も多いタイプといえるでしょう。

この二つの範疇《はんちゅう》に入らない人たちが、少数なのですが存在します。初めから、自分だけ良い子になりたいとそればかり考えている人たちです。金持ちになりたい。そのためには周囲のことなど一切考慮に入れない。中には他人を陥れても自分の儲けを大きくしていく人間もいます。地位の高い人間になりたいとそれだけを考えている人間もいます。他人を踏みつけにしても出世したい、それだけが唯一の価値観になってしまっている類《たぐ》いの人間です。

分類判断が難しい存在が政治家です。政治家になって、より多くの人たちが人間らしく生きることができる世の中にしていこうと考え、その初志を貫けば前者のタイプに入ります。難しいと申し上げたのは、先ほどお話ししたような、古い領主の権利を守ることが世の中を良くすることだと思い違いをしていると、領主を崇《あが》め忠義を尽くせという発想が基本になり、むしろ、やること為《な》すことが人々を苦しめることになってしまいます。明治維新以降、太平洋戦争敗戦まで、そういう発想法を持った人が軍や政治の中枢を占めていたことで、どれだけ多くの人たちに不幸をもたらしたのかは多言を要しません。また、多額の政治献金をしてくれる人たちの要望を聞くことが、政治家としての自分の地位を守ることと算盤《そろばん》をはじく人間は、国民の「人間らしく生きる」などは眼中になくなります。最近の政治家にそれが多かったことが、八〇年代から日本国民の暮らしが年を追うごとに苦しくなっている主要な原因でもあります。

いわば、これら第三のタイプといえる人たちの価値観には、「人間らしく生きる」という発想法はありません。こうして考えてみると、第三のタイプのあり方について、それが善であるか悪であるかの判断は、普通の判断力を持っていれば可能であり、したがって、「人間らしく生きる」道を選ぶことはそう難しいことではないことに気づかれるかと思います。

あらためて、「人間らしく生きる」とは何かを一口でいえば、「他人様のために役立つ、世の中に役立つ仕事に努力する、働くこと」だと言い替えることができます。そのことは、自分の人間としての尊厳性（人間らしさ）を守るために、他人の人間としての尊厳性（人間らしさ）を守ることであるといい替えることができます。その人間の尊厳性を守るような条件、法律や経済や政治はどうなっているのかについては、憲法の条文を辿ることで検証することができます。

五　人類の普遍的願いにつなぐ
――三つの課題の現在――

人間が生物である以上、個体のいのちを守ることからすべては始まりました。家族の成立をもって他の動物たち、さらには近縁の霊長類とも区別されました。このことを考えると、人間が人間として誕生してから、「生きる」「くらしを守る」というステップにはほとんど時間差がなかったといえるでしょう。しかし、「人間らしく生きる」を意識的に目指すまでには十数万年の時間が必要でした。

それほどに、「生きる、くらしを守る」を確かにするのに時間が必要であったということになります。おそらく幾度かの氷河期に耐えなければならなかったでしょうし、温かくなった間氷期であっても、その中で多くの異常気象や台風や砂嵐、火山噴火の被害や大地震にも遭遇したのも間違いありません。部分的には河の氾濫《はんらん》も、後年には河岸段丘の上などを住居として選んでいたと思われますから、大きな被害をもたらしたかもしれません。毒草や毒をもった魚介類を食べて死ぬ者もいたでしょうし、毒蛇にいのちを奪われた者もいたでしょう。また、大動物や猛獣の被害もあったことでしょうし、疫病は最も恐ろしいいのちの敵であったと思います。

そうした十数万年の最後の一～二万年の時期に、河川の水害に対する堤防の構築といった自然災害に対する防御や、安全地帯を探し当てるという意味での災害回避などの知識や知恵によって自然災害による被害を軽減できたり、毒をもった草木や魚介類の知識なども増え、少しずつ「生きる、くらしを守る」ことを容易にできはじめたころ、今度は人間同士の争いが現れてしまいます。

戦いの勝利者による略奪、凌辱《りょうじょく》、虐殺、奴隷化などが行われました。再び「生きる、くらしを守る」ことが厳しいものとなったことでしょう。しかし、そういう状況の中でも、食料生産を主体に衣食住に関するものや、その他さまざまな物資の生産力は着実に上昇していきました。

衣食に関する家族の生産量が、家族の必要量を上回った時に他の物資との交易が始まります。交易の場ができると、そのために集まる人たちに対する商売も成立しますので、食料生産の場と離れたところに新たな集落が出現することになります。それが都市の始まりです。つまり、衣食の生産を第三者に依存できるようになったとき都市が誕生したということになります。

こうしたプロセスを経て、しかし、一方で、徐々に形成されてきた国家権力とか、階級とか、貧富の格差とか、もともと平等であったはずの人間から受ける新たな苦しみと戦いながら、かけがえのない自分の人生をいかに生きるべきかを自らに問いかけ真剣に考える者が、一人二人と生まれ始めたということでしょう。また、賢者にその答えを求めようという動きがより大きくなっていくのも自然な成り行きと考えられます。当然、そうしたこととは全く別の精神の衝動から、絵とか音楽などに心を反映していく生き方を志す者も持続的に現れたことは歴史が示しています。

中には、そういう問いかけを持つ余裕すらなく、「人間らしく生きる」など思いもよらず、反抗する知恵も力もなく、「生きる、くらしを守る」こともできず、生地を離れて流浪した者も少なくありません。日本では平安時代には、もうそういう現象が確認できます。太平に入ったといわれる江戸時代にも、一家逃散《ちょうさん》、一揆《いっき》などが高い頻度で各地で発生していたことは周知のとおりです。

こうして考えてみると、「人間らしく生きる」とは、「生きる、くらしを守る」ことがしっかり確立されて、はじめて、本当の意味での課題になるものであることが分かります。また、人類の悲願であった「生きる、くらしを守る」ことが、すべての人間にとって確かなものになったとき、必然的に行き着くべき課題が「人間らしく生きる」であることも理解できると思います。

まさに、「生きる・くらしを守る・人間らしく生きる」の実現は、人類が求め、自然との戦いでも多くの犠牲者を出し、未知の動植物のもつ毒でいのちを奪われ、また、疫病で絶滅の危機に瀕するほどの被害に遭いながら、しぶとく生命の継承を続けて、今、我々にいのちと共に伝えられた人類そのものの悲願であるとの認識を持たざるを得ません。

したがって、この「生きる・くらしを守る・人間らしく生きる」の実現は、人間としてこの世に生を受けたすべての人間に課せられた人類全体への遺言ともいうべきものであります。

それ故、本来、人種や民族、国家や地域、宗教や思想・信条、そして、あらゆる階層を超えてすべての人間が、この「生きる・くらしを守る・人間らしく生きる」の実現に力を尽くすべきが本筋と考えます。

しかし、現実は残念ながらそうはなっていません。一部の階層の独善が政治を動かすことで、世界の圧倒的多数の人間の「生きる・くらしを守る・人間らしく生きる」の願いを儚《はかな》いものにしているだけでなく、地球そのものの生命まで弱めてしまう暴挙を平然と行っています。

では、誰がどうそれを排除しながら、人類の願いを実現する歴史の歩みを正道に戻していけるのか、いくべきなのか。以下、一歩ずつ考察の歩みを進めて参りましょう。

第3章

「自主・民主・連帯」から三つの目的の展開へ

——「大きな目的」実現と中小企業・小企業

一　三つの願いと「自主・民主・連帯」

(一) 三つの願いから「生きる・くらしを守る・人間らしく生きる」へ

社員の持つ「三つの素朴な願い」について、もう一度、その内容を思い返してみましょう。

一つめは、かけがえのない命を大切にしたい。健康でありたい。与えられたいのちを全うしたい（させたい）。

二つめは、かけがえのない人生だから悔いのないように生きたい。

三つめは、だけど、世間からつまはじきにされたり、後ろ指を指されるような生き方はしたくない。当てにされるような、できれば誇りを持って働けるような生き方でありたい。

という内容でした。この三つの願いは、どう考えても、特殊な人間の特別な願いとは思えません。極々《ごくごく》普通の人間の、これまた極々平凡だけれども、普通の人間にとっては至上の、それだけに素朴な願いであると思います。したがって、人間にとって普遍性のある願いであると言えます。

前章では、この三つの願いについて、それぞれの意味を深めてきました。そこでは、人類の発展史という立場からみるとき、第二と第三の願いの順番が入れかわり、三つの願いは人類が生きてき、生きていく普遍的課題（目的）へと展望をひらいてきました。

第一の願いは、人間の生きていく基底をなすもので、《生きる》という言葉に集約されました。「いのち」を守り、維持していくことが根幹となっており、そのために人間は「群れ」を形成し、信頼を基礎にした平等な関係をきずいてきました。

第二の願いは、素朴な願いの三番目にあげられる願いで、《くらしを守る》という言葉に集約されました。人間は生きるなかで家族を形成し、役割分担を学び、分け合い扶《たす》け合うことで、群れの構成員相互間のくらしを守ってきました。

第三の願いは、素朴な願いの二番目にあげられたもので、《人間らしく生きる》という言葉に集約されました。「生きる」「くらしを守る」の段階を経て、人間は「他」を発見し、「人間らしさ」を自覚することで道徳を確立し、「いま」「ここに」とちがう「他の人・他の地・他の時代」にメッセージを発することを学ぶことで、文化をつくり出してきました。

このようにして、人間は、「生きる」「くらしを守る」「人間らしく生きる」ことの価値を基底にして、それを自分たちの生きる目的として高めてきました。これが、私たちが確認してきた人類の普遍的課題であり、人類の三つの目的である。――これが前章までの私たちの考察の到達点でした。

それでは、以上のことは、私たち中小企業家、ことに我が中小企業家同友会からみると、どのようなことなのでしょうか。それが本章のテーマとなります。そのあゆみは同友会の基本理念である「自主・民主・連帯」の精神をいま一度掘りおこし、現代的課題に立ち向かう志と勇気を与えてくれることと思います。

㈡「自主・民主・連帯」と三つの目的

私たち同友会は「人間尊重」を掲げ全社一丸体制づくりをめざしてきました。その根底には、「自主・民主・連帯」の基本理念が息づいていました。何故そう考えるのかについては後ほどあらためて説明いたしますが、わたしは「自主・民主・連帯」それぞれの深い意味を次のように考えています。

「自主」の深い意味は、「個人の尊厳性の尊重」であり、平たくいえば「人間らしく生きる」という意味であると考えています。

「民主」の深い意味は、「生命の尊厳性の尊重」であり、平たくいえば「生きる」という意味であると考えています。

「連帯」の深い意味は、「人間の社会性の尊重」であり、平たくいえば「くらしを守る」という意味であると考えています。

「自主・民主・連帯」をこのようにとらえるとき、この三つの理念は、先ほどお話しした「三つの素朴な・それだけに普遍的な願い」に対応していることが分かります。つまり、

○一つ目の願いは、「民主」の深い意味である「生命の尊厳性の尊重」ということに照応し、

○二つ目の願いは、「自主」の深い意味である「個人の尊厳性の尊重」に照応し、

○三つ目の願いは、「連帯」の深い意味である「人間の社会性」に照応しています。

こうして、人間の持つ素朴な三つの願いそれぞれに対応していくことが人間尊重であり、その三つとは「自主・民主・連帯」それぞれの深い意味に照応していますから、「人間尊重」とは「自主・民主・連帯」

の深い意味それぞれから対応すべき三つの側面を持っているということになります。

これが、「自主・民主・連帯」を理念とする同友会が、創立以来「人間尊重」を掲げてきた理論的根拠でもあります。第1章でお話ししましたように、労使問題の解決に当たって、苦しくとも苦しくとも粘り強く話し合いを基調にして、最後に人間尊重に貫かれた『労使見解』に到達できたのも、まさに、「自主・民主・連帯」の精神を磨き深めてきた同友会だからこそ到達できたことと自負してよいでしょう。

「三つの目的」への展開

このように、「人間尊重」も「労使見解」も「自主・民主・連帯」の深い意味に導かれたものであることを確認した上で、この「自主・民主・連帯」は「人類にとっての大きな目的」であることについても確認しておかねばなりません。

くり返しますが、「自主・民主・連帯」の深い意味を象徴的に単純化して表現しますと、

「自主」の深い意味は「個人の尊厳性の尊重」ですから「人間らしく生きる」となります。

「民主」の深い意味は「生命の尊厳性の尊重」ですから「いのちの尊重」、つまり、いのちを全《まっと》うするよう生きる、あるいは、いのちを全うするまで生きさせることという意味になりますから「生きる」という象徴的言葉に単純化しました。

「連帯」の深い意味は「人間の社会性の尊重」です。人類誕生以来、人間は群れを形成し相互に支え合いながら生きてきたことに由来するものです。端的にいえば、「一緒に暮らす仲間に当てにされる立場でありたい。一緒に暮らす仲間の役に立ちたい」という思いから始まり、関連する諸感情が含まれたと考え

るべきでしょう。それで原初的な課題であった「くらしを守る」と表現しました。

さらに、この象徴的に単純化した内容を人類史の発展段階順に並べ替えたのが「生きる・くらしを守る・人間らしく生きる」で、元の言葉でいえば「民主・連帯・自主」の順になっています。

この「生きる・くらしを守る・人間らしく生きる」は、幾度もお話ししてきたように、人類誕生以来年代を追って順次切実な願いとして求められてきた課題であり、同時に現在にあっても圧倒的多数を占める普通に暮らす人々の切実な願いになっている課題です。

したがって、人類誕生以来、人類が一貫して求めつづけてきたという普遍性があり、その実現こそ人類的課題として「大きな目的」としての意義があるということになります。そして、真の「生きる・くらしを守る・人間らしく生きる」を実現することが、「人間の尊厳」を真に守ることとイコールであることも確認しておきたいと考えます。

(三) 地域・国民・地球——中小企業と三つの目的の実現

さらにもう一つの側面から、『万人にとっての「生きる・くらしを守る・人間らしく生きる」の実現』が、中小企業家にとって大切な課題であることも確かめておきましょう。

同友会運動五十年の歴史の中で、私たちは「国民や地域と共に歩む」という三つめの理念を確立しています。この「国民や地域と共に歩む」という理念は、中小企業家が中小企業経営の繁栄を追求する意義を明らかにしようという作業のプロセスで、現代社会・経済の中で中小企業が果たしている役割・実態の大きさに気づき深めてきたものです。

中小企業が果たしている役割・実態の大きさとは、もう、多くの方の周知の事実となっていることですが、日本全体の生産・流通額の過半を中小企業が担っているということです。我々が最も注目したのは、雇用の八割前後を中小企業が担っている事実と、地域社会においてその存続と繁栄に直接様々な役割を果たしているという事実でした。

雇用の八割を担っている実態は、中小企業の存続と繁栄が国民の八割の人たちのくらしの繁栄と安定に直結していることを示しています。このことを知った時、これは苦労の甲斐があるという実感と誇りでした。中小企業の発展を追求し繁栄を確かにすることは、圧倒的多数の国民のくらしを守ることでもあったのです。ですから中小企業家が中小企業の存続と繁栄を願い、仕事に工夫を加え、経営環境の改善に行動することはすべて是認されると立証されたことになります。

しかし、それは同時に、中小企業の企業行動の中に国民や地域の利益に反することがあれば、「是認」の原因を失うことも意味していると意志統一されたのです。この意志統一が行われる以前、一九七三年秋に第一次オイル・ショックが起きた時、その暮れに中同協と東京同友会は中央要請行動を行い、「私たちは売り惜しみや便乗値上げする悪徳業者にならない」との声明を発表し、翌年二月、長崎で行われた第四回中小企業問題全国研究集会で同様な声明を全国研究集会の名において発表しています。

自主・民主・連帯の精神が「国民や地域と共に歩む」の理念に結実していくプロセスを如実に示した歴史的出来事であったともいえますが、一方で様々な事例から、「中小企業の繁栄と国民生活の安定繁栄は表裏一体」という事実も確かなこととして確認されていきました。その内容は別項でふれていますが、この事実も大変重要な確認事項で、「国民や地域と共に歩む」という理念実践の成果を暗示し、また、成果としての事実を裏付けるものといえましょう。

「国民や地域と共に歩む」という理念は、わが同友会運動は日本で始まった運動ですから、この「国民」や「地域」という言葉は日本の国民や地域を指しているのは当然です。しかし、同友会運動は世界中に拡げられていくべき運動です。地球環境の問題、平和の問題、多彩な地域や民族間で、国家間で多様に広げられる貿易や交流があってこそ経済もより豊かなものになるからです。

同友会運動が世界に広がっていったときのことを考えてみてください。「国民」という言葉は、「万民」（または「地球市民」とでも）という言葉に自然に置き換えられることになるでしょう。「共に歩む」とは「みんなが安定し繁栄するために協力しあう」という意味ですから、「生きる・くらしを守る・人間らしく生きる」に置き替えた方がより単純で分かりよいものになるはずです。

このように、「国民や地域と共に歩む」という理念の側面から考えても、「中小企業の繁栄と国民生活の安定繁栄は表裏一体」という事実からみても、『万人にとっての「生きる・くらしを守る・人間らしく生きる」の実現』が、我々にとって「大きな目的」であることが理解できると思います。

二　「自主・民主・連帯」を深める
――「生きる・くらしを守る・人間らしく生きる」の展開へ――

(一)《民主》――「生きる」の展開と課題

「いのち」の平等性

「民主」の深い意味が、なぜ、人間にとって最も基本的願いである「生きる」になるのかという、入り口の疑問に答えておくことが必要かと思います。

人間は生物ですから、そもそも「いのち」がなければ、つまり、生きていなければ話は始まらないということになります。そういう意味で「生きる」ということは、生物である人間にとって理屈抜きの必須課題であるといえます。

前章で確認したように、人間は、その「生きる」という課題を「群れ」をつくり、意識的な強い連帯の絆で結びつくことでクリアすることに成功しました。群れを持続的に維持するためには、構成する一人ひとりは誰も欠かすことのできない、それぞれに重要な役割を担った存在であったわけですが、「生・死」の違いをはっきりと区別できるというプロセスを経て、「いのち」の「平等性」に気づきます。やがて、群れの中の生きとし生けるもの同士の平等な関係という意識にまで固まっていったと考えられます。それを具体的に裏付けるのは家族の成立です。家族の成立のためには、一組の男女が夫婦関係を成立させなければなりませんが、数百万年の直立二足歩行によりすでに出産前後に行動の機敏性や持続性を失っていた女性に、食物を獲得し子孫を残すという生命存続の役割を全《まっと》うしてもらうためには夫の献身的な役割が欠かせませんでした。平等意識とそれに基づく日常関係があったからこそ生まれる強固な連帯が、結果的に「いのち」を守り、子孫繁栄につながったのです。

やがて人間の人格の問題にまで高められていく平等観念は、元をさかのぼればこのように現実的ないのちの平等性という実感から生まれたものといえます。

民主主義への結実

そうした考え方の流れを、年代を圧縮して言うと、人間のいのちの重さに重い軽いはなく、全てのいのちの重さは平等であるとの観念に到達し、それが平等な人間観となり、一人一票という民主主義の基本の形になったということになります。

こうした考え方・思想が、近代に入って明確に示されたのが、いわゆるアメリカの独立宣言であり、フランス革命による人権宣言といえましょう。

一七七六年七月四日、「コングレスにおいて十三のアメリカ連合諸邦の全員一致の宣言」として発せられたいわゆる「独立宣言」の冒頭の一節は、「人類の発展過程に、一国民が、従来、他国民の下に存した結合の政治的紐帯《ちゅうたい》を断ち、自然の法と自然の神の法とにより付与される自立平等の地位を」で始まり、つづいて、「われわれは、自明の真理として、全てのひとは平等に造られ、造物主によって、一定の奪いがたい天賦の権利を付与され、その中に生命、自由及び幸福の追求の含まれることを信ずる」と書かれています。（傍点は筆者。訳文は『人権宣言集』岩波文庫、一九五七年刊）

キリスト教徒の立場が色濃くでていますが、人間は平等であり、生命、自由及び幸福の自立的追求は、人間にとって天賦の権利であることを明確に宣言しています。

一七八九年八月二十六日に採択された、フランス革命の際の人権宣言は、正式には「人及び市民の権利宣言」といいますが、ここに取り入れられている基本的な考え方をこのあと多くの諸国がその憲法に取り入れるなど、近代国家としての目安的な存在となりました。ただし、全くの独創によるものではなく、アメリカの独立宣言やアメリカ諸州の憲法などを典拠としていることはよく知られているとおりです。

この人権宣言の第一条は「人は、自由かつ権利において平等なものとして出生し、かつ生存する。社会的差別は、共同の利益の上にのみ設けることができる」（同上）となっていて、人間が平等であることを明快に示したものとなっています。

「民主」あるいは「民主主義」という言葉には、「人間は、人間として皆平等である」という思想または信条が根幹になっていることは間違いありません。あらためて「民主」の意味を定義的にいえば、『「人間は人間として皆平等である」ことを真理とし、その具現化を実践的に志向する考え方（思想）』といえます。

途上としての民主主義

ただ、「民主主義」という言葉は、現実には我田引水的な使われ方をされていることも多くあり、実際に使われているときの前後の内容について吟味や注意が必要です。その類例的典型は「民主政」という言葉です。

民主主義のあり方そのものは未完であり、制度としてもまだ検討の余地があります。たとえば、「人間は人間として皆平等である」ということを、政治のシステムとしてどう確立するかいろいろ模索しながら辿り着いたのが、現在多くの国々が採用している議会制民主主義です。二院制をとっている国も多いのですが、両院それぞれの役割や二院間の関係のあり方などについてもっと詰められるべきでしょう。

選挙制度にしても、日本も小選挙区制が実施されていますが、トータルの票数と議員数が必ずしもマッチせず、各小選挙区トップ数が多い政党がますます有利に比例選挙区の議席を獲得してしまい、その後の政治の進み方を見ていますと、トップ政党の専横が目立つなど、小選挙区制そのものの欠点が目立ちます。こうした現実を見るにつけても、民主の原点的精神をより公正に現実化できる政治システムはどうあるべきかなど、民主政そのものについてもっと議論を尽くす必要性を感じます。

これは民主主義が未完であるという、完成へのプロセスでの問題といってよいかと思いますが、最も問題とすべきは、エセ民主政であります。選挙制が民主政治のシンボルでもあることを逆用し、形式的には選挙制度を確立して、内実は独裁政治が行われている例がこの一世紀の中でもしばしば見られました。

このように民主主義がシステムとして未完であるという認識が薄いことや、ましてや、選挙制度だけ確立し、それを隠れ蓑《みの》にした独裁政治を許すなどは、民主とか民主主義の原点がどこから生まれてきたのかについて知識や理解がほとんどない所為《せい》ではないかと推測されます。民主の原点は平等にあるということをまず確認したうえで「民主」ということについてあらためて考えてみることにしましょう。

治者と被治者の同一性

「民主主義」という日本語に訳されているdemocracyという言葉は、「民衆の権力あるいは支配」を意味する古代ギリシャ語のdemokratiaを語源にしています。古代ギリシャにおいては、圧倒的多数者である民衆が支配権を持つ都市国家（ポリス）を形成していましたが、demokratiaはその政体を意味していました。

その特徴は二つあります。一つは、ポリスの意志決定は、その構成員全体が参加する直接民主制であったこと。もう一つは、公職に就く権利とポリスの防衛戦争に従事する義務とについて平等の原則が貫かれていたことです。もちろん構成員全員といっても、アテネ市民が豊かで自由な生活を維持する一方では、同時にその何倍もの市民権を持たない奴隷と参政権を持たない女性の存在があったことは見逃せません。この点は人間として真の民主的あり方とは決定的な違いがあることを知っておかねばなりません。

また一方、アテネ市民として三度も戦場に出陣したソクラテスが、みずから到達した論理である「無知の知」などを説法で説き、アテネ市民の間に評判が高くなっていったとき、ライバル的な人間から「市民を惑わす言動を説く者」と告訴され、市民の評決の結果を重んずるアテネ民主政の原則に従って死刑の執行を受けて死にます。弟子の中には有力なアテネ市民もおり、彼らの準備に従えば牢獄から逃げ出す機会がいくらでもあったにもかかわらず、ソクラテスは持論を自らの行動で証明するかのように従容として決定に従いました。

哲学の世界では、ソクラテス以前の哲学とソクラテス以後の哲学とにわけられるほどに、ソクラテスは哲学の世界に大きな足跡を残した存在です。したがって、その考え方をもっと深めながら、もっと多くの人々のものにしていかなければという思いと、決定の内容に問題があっても民主政による多数決に従わねばならないという、相対立する問題の相克に悩まなかったとは思えません。しかし、象徴的な表現をするなら、「無知」な市民に「無知の知」をみずからの命に代えて知らしむることこそ「無知の知」を説く者の神髄という境地に達したということでしょうか、死を選びます。

このように、市民のいわば無知により、師を刑死で失うという極めて生々しい具体例が身近に存在したこともあったからだと思いますが、弟子のプラトンはこうした直接民主制に対して「衆愚政治」に落ち入る危険性を指摘しました。

その後、民主主義と衆愚政治についての論議は現在に至るまで続いていますが、しかし、何にもまして、平等の原則に基づく「治者と被治者の同一性」というデモクラシーの原理を生み出したことは画期的な創造と評価されるべきと思います。

民主主義の現在的課題

「民主政即衆愚政治」的批判論調が続き、一方で、その後二千年近く確固とした王政が続く中で、一七七六年のアメリカ独立宣言、一七八九年のいわゆるフランス革命の思想の原点となっていたのは、共にギリシャの民主政に始まるこの「治者と被治者の同一性」を基本にした考え方でした。その考え方は、「政治権力は、人民の意思と選択に基づいたものでなければ、その正当性を有しない」という原則に立って、「治者と被治者との同一性が人民主権のもとに貫かれている社会」の確立ということになります。

王政の治世下で、もし明からさまにそういうことを唱えれば、反逆者として極刑に処されることになったはずです。にもかかわらず、デモクラシー思想は死に絶えることなく、十八世紀になって突然のごとく姿を現し、しかも瞬く間に近代思想として世界を巻き込んでいきました。それは、デモクラシーのもつ本質が、人間が持つ本来の願望にマッチしているからだと言えると思います。

このように歴史を順に追ってみますと、「人間が持つ本来の願望」が、「自由かつ平等な人間の尊厳」を守り維持されるべきことにあるのが見えてきますが、それはまた現在的課題を提起しています。

今日《こんにち》、民主制あるいは民主政とは「自由かつ平等な人間の尊厳を守るために、最もふさわしい治者と被治者の同一性を維持できる政治形態」であると、理論的にはここまで到達していると言いながら、世界の現実はどうなっているのでしょうか。日本の現状はどう解釈できるのでしょうか。

このことについては、もう少し基本的な考察を進めたところで考えてみることにしますが、この段階でもう一つだけ確認しておかねばならないことがあります。それは、民主制あるいは民主政についての原理的条件の設定を人間が思考として到達しえた最も望ましいあり方とするなら、団体や企業など、どのような組織にあっても、すべての構成員が相互に「民主的精神を発揮」しあうことや、「民主的ルールを尊重」することを要請されているという点です。そして、その具体的内容とは、それぞれの「自由かつ平等な人間の尊厳」を守る立場で貫かれていなければならないという課題であります。

(二) 《連帯》――「くらしを守る」の展開と課題

連帯とは、広い意味では「人間の社会性」がもたらし、「連帯」によって人間の社会性はさらに強まりました。個のいのちを守るためには強固な群れの存在が必要であったと考えられていますが、その群れを維持するためには「くらしを共同協力して守る」ことが必要であり、必然的に「くらしを守る」ために連帯の精神が育まれてきたということです。

連帯の基盤は目的の合致

こうした原初的な理由からも理解できるように、連帯は目的を共有できたときに生じます。そして、その連帯の幅や強さや持続性は、共有できる目的の幅や意義の強さに左右されるといえるでしょう。したがって、それぞれが持つ目的が全面的に合致しているときに生ずる連帯が最も強い連帯であるということになります。

それぞれが有する目的が全面的に合致するのは、おかれている条件または求めている条件が全面的に合致しているときといえます。人間が群れを形成して生きていた時代は、そのどちらの条件も全面的に共有している状況にありましたから、目的もまた全面的に合致していたことになります。

今は違います。もちろん、明治維新までの士農工商という職業による身分制度や貴族制度などはなくなりましたが、現実にはおかれている条件はかなり大きな違いがあります。その中の一つに、経営者と社員の違いがあります。また、同じ経営者という立場であっても、求めている条件が明確に異なる場合が現実に存在しています。

たとえば、シェア（市場占有率）の上で世界制覇を目的とせざるを得ない多国籍大企業の経営者と、地域に根ざし地域の持続的繁栄をめざしている我々中小企業の経営者の目的とは、企業の持続的繁栄発展という一点では一致するように見えますが、それを実現する条件づくりでは内容が異なる部分が多くあります。したがって、例えば憲法で保障されている基本的人権の財産権・生存権・社会権などを根拠とする具体的実施法の内容については、その実現という目的を共有するわけにはいかないケースが多く、当然、連帯できないか、連帯できても弱いものというケースがしばしば出てくることになります。

全社一丸体制と連帯

　中小企業における労使関係について考えてみましょう。労使の立場の違いは基本的に存在するわけで、労使という関係を「おかれている条件」という点で考えると、これは一目瞭然で、使用者と被使用者の関係ですから連帯の成立を期待できる関係ではないということになります。しかし、私たちは「全社一丸体制づくり」を切望し、その実現に必死の努力を重ねてきました。そのプロセスで『労使見解』に到達し、今やその『労使見解』を深く学びながら本物の全社一丸体制を実現しようと努力しています。

　このことを理論的に分解解明しておきますと、経営者としてどんなことを課題にし、どのように努力すべきなのかが明確になると思いますのでお話ししておきましょう。

　先ほど上げた二つの前提条件のうち、労使間では「おかれている条件」は違いますから、残る一方の「求めていく条件」で目的の合致が成立すれば連帯が実現することになります。

　全社一丸体制とは、労使の目的が全面的に合致した状態を実現することであるといえます。労使の目的が全面的に合致すれば、その目的達成に向かって最も強い労使の連帯が形成されることになります。『労使見解』は長い時間と様々な紆余《うよ》曲折を経て、一口にいえば、中小企業の労使の「求めていく条件」、つまり、労使の「目的」は合致でき、同じ目的に向かって全面的な連帯を実現することは可能であるという見解を示しているといえます。

では、『労使見解』に凝縮されている「労使が全面的に合致できる目的」の内容とはどんな内容なのか。それは、企業の目的が社会貢献にあり、その社会貢献活動の成果を得て企業の持続的発展を実現していくとき、同時に社員に対しては「人間尊重精神」に基づき、その具体化に最大限の努力を払うことを基本にするということです。

より具体的にいえば、社員の「生きる・くらしを守る・人間らしく生きる」という願望に対する配慮が、企業の存続発展の諸計画の中に常にしっかり組み込まれているかどうかということになります。そして、その計画策定のプロセスで相互に十分なコミュニケーション、あるいは関与が保障されているかどうかによって、つまり、組織の中でそれぞれが担っている役割の違いは別として、経営計画策定会議や日常的な会議の場では、肩書きに拘《かか》わらず平等な立場での自由な発言が保障されているかどうかが問われます。

そうした条件づくりに十分な配慮がなされてこそ、労使の目的が合致し、連帯が形成されはじめ、その議論の深さによって連帯の強さの度合いが決まってくることになるでしょう。連帯は「自主・民主」と不可分の関係を成しています。個別的・一方的な自由を主張するところに連帯は成立しません。また平等な関係にないところにも連帯は成立しません。

(三) 《自主》——「人間らしく生きる」の展開と課題

労使関係が対立だけといってよい時代に、全社一丸体制づくりこそ中小企業の生きる道だと考え、様々な苦難を乗り越えて辿り着いたのが『労使見解』でした。しかし、その『労使見解』の基本精神である人間尊重に徹した経営実践を続けた結果、人間尊重の精神は、単に全社一丸体制を確立していくだけではないことに、少なくない会員が気がつきました。

前節までに、職場の中に民主的な精神が高まり、それにつれて自主性も高まり、自主性が高まるにつれて連帯、つまり、全社一丸体制も強まっていくことをお話ししました。ところが連帯が強まるほどに、自主性がさらに強まっていくのです。自分の知恵で、自分の努力で、生産性の向上に努め、質の向上を考え、無駄を積極的に見つけ出してコストの低減に必死になっていくのです。

つまり、全社一丸体制は全社的連帯を生むだけではなく、全社員の自主性を強め、一人ひとりがよりたくましい力を発揮するエネルギーを生み出しているのです。

この現象は歴史的にも確かめることができます。ここで再び、アテネの民主政の歴史を追うことで、私たちの直面する課題の広がりと深まりを再確認したいと思います。

アテネ民主政の歴史的背景

まず知っていただきたいのは、アテネから半径五百キロの地域とは、古くから多数の民族がそれぞれの文化と民族思想を守りながら、割拠混在していた地域であったという点です。したがって、アテネも他国との戦乱に次ぐ戦乱の歴史の中にありました。少しでも隙《すき》を見せれば、それに付け入って戦いを挑まれるという環境にアテネは存在していました。

そういう環境でアテネは幾多の戦いに勝利を収め、およそ四百年にわたる期間に、貴族政治の中に一部市民の参政権を割り込ませるなどの経過を経ながら、やがてより広い範囲に参政権を拡げ民主政を実現していった歴史に目を向けていただきたいのです。そして、所詮《しょせん》はポリス（都市国家）であり、決して大国ではなかったにかかわらず、なぜ幾多の戦いに勝利できたのか、その強さの秘密はどこにあったのかについて関心を持っていただきたいのです。

アテネの全盛期は、ペリクレス（前四九五頃～前四二九）の活躍した時代といわれています。ペリクレスは、十五年間連続して将軍職に選ばれ、海軍を増強するなどしてアテネの黄金時代を築きました。一方で、十八歳以上の男性市民全員が参加する、直接民主政のシンボルともいえる最高議決機関としての民会の確立や、そのもとで、アルコンと呼ばれる執政官九人を抽選で選び、民会での決定事項の執行を担わせる制度。軍隊の指揮・外交・財政を司るトップは将軍職とし選挙で選任。抽選で選ばれる五百人会を五百人評議会とし、民会に上程する議案の予備審議やアルコンの監察などを分担。抽選で選ばれた陪審員の投票で判決を行う民衆裁判所制度の確立などが行われ、アテネ民主政が確立されたとされています。

ここに至るまでには、西暦前七五〇年以前といわれるアッティカ貴族によるポリス（集住）の成立から三百年以上の年月が経過していますが、歴史をざっと追ってみます。

商工業が発展し、富裕になった平民が武具を自弁で準備できるようになり、直径九〇センチほどの楯で自分の左半身と左隣の人の右半身を防御するように横密集隊列を作り、その横隊列が何層にもなる密集隊戦法を編み出します。それまでの戦いは貴族の一騎打ちが主力でしたが、この密集隊戦法の方が遥かに強力でしたから、戦争における主役が貴族から平民に変わるとともに、平民は参政権を求め始めました。

そうした声や力が強まっていき、前六二〇年頃、慣習法を成文化した「ドラコンの法」が制定されます。これは貴族の勝手な法解釈を防止するものでした。前五九四年には、「ソロンの改革」が行われます。それまでは、農民が借金を返せなくなると奴隷にさせられていました。それで、土地債務を帳消しして、債務奴隷を禁止し貧農の救済を実行しました。それと平行して、財産の多寡によって市民を四つの階層に分け、その階層別に参政権と軍務を定めました。

こうしたプロセスを経て、前五〇八年、「クレイステネスの改革」によって民主政が成立したといわれています。この改革では、権力を独り占めして専制的な政治が出現しないよう「陶片追放」制度が取り入れられ、「五百人会」が設置され国務を担当することになりました。この五百人会は、それまでの貴族の権力基盤を打破するために、氏族的・地域的な結合を分解して市民を十の部族に再編成し、部族ごとに三十歳以上の男子からくじで選ばれた五十名、合計五百人で構成されていました。平たくいえば、十の選挙区に分けて選出はくじ引きであったということになるでしょう。

クレイステネスの改革のあと、前五〇〇年から五十年ほどペルシアとの戦争が続きます。現在のオリンピック開催の故事になった「マラトンの戦い」とは、前四九〇年、ペルシアの第二回遠征による戦いでアテネ軍が勝利を収めたときのことをいいます。その勝利の知らせを走りに走ってアテネの市民に伝えたというのです。この戦いに続いて、第三回のペルシアとの戦いもアテネ軍は勝利し、前述したペリクレス時代に入りアテネは全盛期を迎えます。

しかし、ペリクレスの死後、煽動《せんどう》政治家が続出し衆愚政治に陥り、民主政が崩壊していったといわれていますが、貨幣経済の発達とともに貧富の差が拡大したこと、自作農が没落し商人や技術者、傭兵として国外へ移動していったことで、共同体意識や市民の結束が崩れていったことが、むしろ、ポリス変質の重要な要因であったと思われ、これは現在の我々に極めて身近な問題を提示しているように思います。

参政権をもつ市民の勇気と団結

それは兎《と》も角《かく》として、今から二千五百年も前にアテネが今に通ずる民主政の原則である『平等の原則に基づく「治者と被治者の同一性」』を考えだし、本格的哲学の始祖ともいえるソクラテスが、その民主政の一つの形でもある多数者の判決を重んじ命さえ捨て去った、その思想的背景はなんであったのでしょうか。ちなみに、アテネ全盛期を築いたといわれるペリクレスは、ソクラテスより二十五歳年上で、ソクラテスはペリクレスの指揮する戦いに従軍もしています。

この当時のアテネの精神的風土について、中野幸次（昭和女子大教授）が著書『ソクラテス』（人と思想3　清水書院　一九六七年刊）で引いているペリクレスの言葉を紹介してみます。

「われわれの政体は他の国の制度にそのまま従うものではない。他人の理想を追うのではなく、ひとにわが規範を習わせるものである。その名前は民主政治と呼ばれる。少数者のひとりじめをなくし多数者の公平を守ることをむねとしている。……われわれはあくまでも自由に公に尽くす道を持っている。毎日お互いにねたんだり疑ったりする眼を恐れることなく、自由な生活を受け取って自分のものにしている。お互いの私生活においてわれわれは互いに抑えつけたり懲らしめたりすることをしない。しかし、ことがらが公に関する時は、法を犯す振る舞いを深く恥じおそれる。法を敬い、侵されたものを救う掟と、万人に濁りのない恥を知る心をよび覚ます『不文の掟』とを、あつく尊ぶことを忘れない。」これはペリクレスが、戦没者の国葬で弔辞として行った演説の一部です。中野幸次はこの演説の内容に対し「アテネの民主政治は、自由の理念に基づいていた。その自由は無秩序をもたらすものではない。法によって与えられた自由の原則がもとにあり、自由であるためには法を守らねばならないからである」と評しています。

確かに、アテネという国家には奴隷が存在したこと、女性と奴隷を政治から排除していることからも、アテネの民主政は不完全の極みといえるかもしれません。そのことの問題は問題として、しかし、周辺の国々と戦った戦士は参政権を持っていた市民であったことに注目しなければなりません。あるいは、参政権をもっていた市民が戦士であったと言った方が判りやすいかもしれません。

参政権を持つ市民にとってのアテネとは、平等な立場で、自主性を発揮できる祖国であり、そのアテネを守るために、市民は戦士として勇敢に戦ったということです。その勇気と団結が、常に相互に虎視眈々《こしたんたん》と隙を狙い合っている中で長期に国を維持できた原動力だと考えます。

ここでは、ビンタが生む恐怖による強制力や金で雇われる傭兵たちの戦意より、平等を原則とした民主政をみずからの意志で守ろうとする自主性の生む戦意の強さは何倍もの強さである点を確認していただきたいと思うのです。言わずもがなではありますが、人事考課などがどの点から行われるべきか、成果主義といわれるものが団結を生む方向で考えられているかなど、経営者としての視点の重要さを示唆していると思います。

地域を単位にした参加

それはそれとして、アテネの市民軍の強さがその市民一人ひとりが持つ自主性の強さであったとすれば、そのより強い自主性を生んだ源泉は何か。ここで、吉田傑俊（法政大教授）がその著『市民社会論』（大月書店　二〇〇五年刊）で紹介しているM・L・フィンレイ著『民主主義——古代と現代』が挙げている、「直接民主主義」と「空間的狭さ」の二つに注目すべきと考えます。

まず、「直接民主主義」という点ですが、『最高意志決定機関である「民会エクレシア」には十八歳以上の成人男子の市民が何千何万と集まり、その集会は年間を通して少なくとも四十回開かれた』とされており、政策決定への関与が、単なる手続き上のものではなかったことが分かります。まさにわが意志による政策決定であり、その重みと成果に満足していればいるほど政治への結集率は高くなると同時に、決定への参加や貢献が自主的で、より積極的になるのは納得のいく結果と思います。

もう一つの「空間的狭さ」のことですが、経過と意味について若干説明が必要かもしれません。

紀元前五〇八年、クレイステネスの改革によって、五百人会というのが設置されたことは前述しましたが、この五百人会は、全体会である「民会エクレシア」に上程する議案の予備審議と、「民会エクレシア」から抽選で選ばれた九人のアルコン（執政官）の執務の監察を担当していました。いずれも抽選で選ぶというのも、いろいろ曲折を経てのことでしょうが面白いやり方と思います。

ここで焦点を当てたいのは、都市国家という小さな地理的範囲にかかわらず、さらに十の地域に分割していることです。アリストテレスのいっている「目で見渡せる範囲」ということなのでしょうが、一つの部族（十に分割された一つの地域のこと）に属する人たちは、自然地理学的な条件でいえばほとんど共通しているると考えられ、また、交易の交通や、敵の侵入の際の経路なども共通した問題を抱えていたであろうと思います。狭い地域の中ですから地域内の議論などもきめ細かく行うことも可能であったでしょうし、抱えている条件もほぼ共通していたでしょうから、より深い議論になったのではないでしょうか。

筆者の恩師鈴木栄太郎先生は、日本全国調査の旅を続け、その町のことを最もよく知っているのは、その町の中心商店街の商店主であると常々言っておられましたが、小さな地域の中で抽選によって選ばれた五十人が、かつての日本の商店主のように町中を丹念に歩き回り、目で確かめ、耳で声を集め、肌で感じた実感を持って五百人会に問題を持ち込んだのであろうと想像します。

だからこそ、持ち込まれる問題も、実態に立ったきめ細かい対応に包まれた内容であったでしょうし、一方ではまた切実な問題であったことがうかがわれます。そのことは、狭い範囲について市民生活や市民活動を連帯の精神を生かして向上させようという、自主的でしかも地についた活動が基本になっていたから可能であったとも思われます。

こうしたアテネの歴史的体験から我々中小企業家は幾つもの示唆を受け取ることが出来ますが、そのことについては節をあらためて考えるとして、その前に、自主についてもう少し範囲を拡げて、「人間らしく生きる」ことの現在的意味を考えておきたいと思います。

三 「人間らしく生きる」の現代的意味
――自由と勝手と連帯――

人類が自由を獲得し、やがて自然の一部をも人間の意に従わせる段階にまで至ったのは、すべて労働を通じて自然のもつ法則性などの知識を得た結果であり、その延長線上でわれわれは、「人間らしく生きる」ことを目指すところまで発展してきました。

「人間らしく生きる」ことの意味を別の言葉で表現すると人間の「自由な意志の発露」といえます。ただし、「自由な意志の発露」ということは、「勝手な意志の発露」に拡大解釈されて、人類社会を混乱に陥れる間違いが起こる可能性があります。現実に、この三十年近い期間、「新自由主義」という妖怪となって世界を荒し回ったことは記憶に新しいところです。

したがって、「人間らしく生きる」こととは何か、「自由な意志の発露」とは何かを厳密に位置づけておかねばなりません。そのためには、自由の獲得の源泉になっている「労働」について、二段階に分けて理解することが分かりやすくなるかもしれません。ただし、労働を二段階に分けるというのは、あくまでも理解を深めるための便宜的なことで、労働の本質が変化するということではありません。

「労働」の二つの側面

土台となる第一段階の労働は、生きることの自由を獲得し、くらしを守ることを確かにしていく段階までの労働です。

労働は生きるための食料の獲得から始まったのは他の動物と同じです。そして、西アフリカで誕生した人類は、その後、どの属の場合も一様にいったん北東に進路を取り、現在のエルサルム周辺から北西と東方の二方向に別れて移動拡散していったと考えられていますが、その移動の途中で変化する気温に適応すべく身を覆う被服的な何かを獲得したと思われます。ねぐらも、他の動物たちの習性から想像されるように、雨露をしのげるような場所に柔らかな草などを持ち込む簡単な睡眠場所に始まり、やがて徐々にやや長期の滞在が可能な工作物に進歩していったと想像されます。

この範囲までの労働は、生物として生きることを確かにし、家族のくらしを守り、子を生み育てて子孫へ生命の継承を図るために必須な労働であり、場合によっては苦役に似た感じを持っても貫徹しなければならないものであったと言えます。

これが第一段階の労働、働くことの原初の風景です。

ところが、二万年前か、もう少しさかのぼったころより、人間は土台である第一段階の労働とは少し違った労働を見つけ出し始めています。その変化は生産力の向上がもたらしました。一人の人間の食料や被服の獲得量が、少なくとも二人分以上を安定的に上回るようになったとき、一人の人間の立場でいえば食料や被服の獲得に使われる時間が短縮され、一日の時間に余裕が生まれました。その余裕の時間が、群れの仲間に喜ばれるような、感謝されるような、驚かされるようなものの創造に使われ始めたのです。

おそらく当初は、獲物を捕る道具を創り出したり、改良する仕事であったかと思います。そうした道具の開発や改良が進むと生産力はもっと進み、土台である第一段階の労働の時間は一層短縮されていったに違いありません。そうなってくると、喜ばれるような物や事、感謝されるような物や事、驚かれるような物や事は、生産に関することだけでなく様々な分野に広がっていったと考えるのが自然の成り行きです。

被服の素材の発見や布地つくり、装飾品としての素材の工夫、新たな素材の発見や加工があったことでしょう。歌などは子を寝せつけるための静かで抑揚のある発声が源流かもしれませんし、チンパンジーが果実を噛み砕いて樹木の空洞などに吐き捨て、発酵したものを飲むことが確認されているように、人間は早くから発酵酒を飲んでいたでしょうから、多少酔って高揚したときに大声を張り上げたのが音楽の始まりかもしれません。あるいは、たき火の後に残された炭で岩に線を引いたり、やや柔らかな泥板岩のかけらで岩をこすりつけたら線が残り、いろいろなぞったのが絵の始まりかもしれません。

また、他の人間の生産に自分の衣食を依存できるようになると、遠くまで物々交換に出かけ交易を専門にする人間も現れてきたと考えられます。

このようにして、人間は生産力の発展とともに、生物として生きることとくらしを守るための必須の労働としての第一段階の労働とは別に、剰余時間を利用する第二段階の労働を創り出し、この第二段階の労働によって新たに多様な自由を獲得し、今日の人類発展の現況を生み出してきたのです。この点が他の動物と全く異質な行動であり行為であります。まさにこの第二段階の労働こそ「自由な精神の発露」であり、その充実こそ「人間らしく生きる」の課題といえるのです。

しかし、冒頭で述べたように、「自由な意志の発露」が歴史の中ではしばしば「勝手な意志の発露」に変化し、大多数の人間にとって第一段階の労働の成果を奪われたり、場合によっては第一段階の労働の権利さえ奪われる事態がおきました。遠い昔のことだけではありません。バブル崩壊後の日本の現実はこうした様相に近い状態といわねばなりません。人間としての尊厳を尊重し守るためには、基本的人権としての生存権がしっかり守られ、労働権や学習権があまねく享受できる状態が維持されねばなりません。あらためてそういわれれば、残念ながら特にバブル崩壊後の日本の現実はそうした状況から日ごとに遠ざかっていたことに思いつくのではないかと思います。

憲法学者の多くは、日本国憲法は世界に誇れる先進的な内容を持っているといいます。しかし、憲法条項それぞれからの具体化として「法」が制定され、その「施行令」が出され、さらに実施細目として「施行規則」が出され、さらに、それを所管する本省の所管部門長名で指導的「通達」がでてくるときには、場合によっては「実質支配層の意向が色濃くなり」、憲法精神が本来どこにあったのか判らなくなることがあります。いわば、実質支配層による故意の社会的規範化といえることなのです。

労働者派遣法の改正や裁量労働範囲の拡大などは、労働の流動化や男女の機会均等という大義名分が立てられていました。後期高齢者保険の新設や生活保護法の実質切り下げなども、国の将来のために国民全体が傷《いた》みを分け合って財政再建に当たらねばならないなどが大義名分でした。それが継続されれば新しい社会的規範になってしまうのですが、実質はどんな内容であり、結果はどうなったか、どうなっているかなど詳述するまでもないと思います。

「自由な意志の発露」が「勝手な意志の発露」にすり替えられている例は、残念ながら多く見られます。

したがって、「人間らしく生きる」ということを単刀直入に「自由の意志の発露」であるということには危険が伴うということになります。

そこで、第二段階の労働が始まった原初状況での意味にもう一度立ち戻って、第二段階の労働の目的が、群れの他の成員に喜ばれ、感謝されることに打ち込むことであり、しかも、新たなその労働の成果が共有されたように、それを現代的な表現にかえて、『大多数の人たちの「生きる・くらしを守る・人間らしく生きる」の実現』に寄与できる行為を継続的に行うことを「人間らしく生きる」ことと定義づけたいのです。それが結果として正当な意味での「自由な意志の発露」ということになります。

「勝手」を抑制する「連帯」

「自由な意志の発露」というと、芸術的な分野を中心として、普通に暮らしている人たちの日常に花を添える自由な活動をイメージしがちです。もちろん、それらも含まれはしますし、人生に彩《いろど》りを添える生き方の工夫も必要とは思いますが、先に申し上げたことなども思想信条の自由とか表現の自由などを看板にして、「自由な意志の発露」という仮面をかぶって混じり込んでしまうのです。

その仕分けの絶対的な鍵は「連帯」です。一部の階層の役に立ったり利益をもたらすのではなく、圧倒的多数国民の利益になるのかどうか、究極的観点としては『万人にとっての「生きる・くらしを守る・人間らしく生きる」の実現』に寄与できるかどうかが、結局、「人間らしく生きる」ための本物かどうかを見極める鍵となります。たとえば、温暖化問題をめぐる論議には、今申し上げた立場や視点の違いが鮮明に示されています。

そうした考察を経て私は、「人間らしく生きる」とは、『万人にとっての「生きる・くらしを守る・人間らしく生きる」の実現』に寄与できる生き方、より端的に言うなら『世の中みんなが幸せになることに役立つ生きざまである』と定義しているのです。

人類は、誕生以来これまで、労働を通じて多くの知識や技術を得て多くの自由を獲得してきたように、これからもますます多くの知識や技術を得て自由の範囲を広げていくことになるはずです。そういう意味では、エンゲルスが「自由とは歴史的産物である」と指摘した言葉は一層輝きを増すことになるでしょう。しかし、多様に増える自由は人類の共有すべきもので、少数の人間が占有すべきものではありません。それと同時に、ＩＴ技術の進化で特に問題化されてきた「個人情報の秘匿」などのように、基本的人権擁護の視点からのチェックが重要な課題となるケースも増えてくると思います。それらすべての予防的前提的視点が「連帯」にあることも重ねて指摘しておきたいと思います。

四　《地域に根ざす》ということ
――地域の連帯と中小企業――

「ある」ことと「根ざす」こと

今日（二〇〇九年十月二十六日）、自民党に代って政権についた民主党の鳩山総理が初の施政方針演説を行いました。その中で「弱者の声、少数者の声を大事にする政治」を大事にしたいと述べていました。九〇年代以降の自民党政治に欠落していた最大の問題はその点であり、労働法の改悪や福祉の後退はその結果であるように思います。

したがって、今日の鳩山総理の発言は大いに歓迎するものですが、国民生活を実質的に向上させ、安定したくらしを実現していくためには、具体的には地域の繁栄と地域社会の暮らしやすさを実現することであり、それには地域がいろいろな意味で活性化することが鍵となります。その鍵を握っているのが地域の中小企業家・自営業者であると思います。

私たちは「地域に根ざす中小企業」という表現を使ってきました。地域にしっかり根を下ろし、地域と一体になった存在というイメージや意味で使い、その言葉の響きの中に地域を愛する者というニュアンスを感じ、安堵に似た満足感や誇りさえ持っていたのではないかと思います。

中小企業家や自営業者の多くは父祖伝来のその地域で生まれ、そこで育ち、また事業者としてそこで働いています。したがって、生まれ育ったその地域に愛着を感じ、くらしの場も仕事の場もその地域にあることに何の不都合さも不自然さも感じていないのが普通です。しかし、愛着心という感情の発露が、「根ざす」という確固たる信念と行動の根拠として永続することには疑問を感じます。

実は、私は「根ざす」という信念と行動は、遠い昔から、選んだその地域に安定したくらしを持続させるという思考と行動のＤＮＡが無意識の内に働いているのではないかと考え始めています。

そう考えれば、もともと安定したくらしを持続させるために続けられてきた仕事というものを、自分だけがより大きな「利益」を獲得したいと考えた者が、そのための手段に変えたのが大企業と考えれば、大企業が儲からない地域は捨てるという行動も、中小企業や自営業が必死でその地域で成り立つ努力をする違いも判るのではないかと思うからです。

安住の地を確かにした小事業

改めて人類の歴史を振り返ってみましょう。

私たち現代人の直接の祖先であるホモ・サピエンスの歴史でいえば、十五万年前ごろアフリカで誕生し、五万年後頃には現在ヨーロッパや中近東に住んでいる人たちの祖先は、すでにその地域を安住の地と定めていたかもしれません。東南アジアや日本人の祖先は、それからさらに数万年の時間をかけて東へ東へと安住の地を求めて移動し続けました。

我々日本人の祖先が、この列島にたどり着き安住の地としたのは、元々の祖先がアフリカを旅立ってから十数万年後、いまから三万年前以降であろうと思います。いろいろなデータから推測できることは、一つの時代に、一方向から、単一の集団が移住してきたのではないということです。

ともあれ、ヨーロッパの場合も中近東の場合も、そしていま、日本人といわれる我々の直接の先祖の場合も、そこに住み着いたのは、行き着いたその地が安住の地であると判断したからであるのは穏当な解釈と思います。

安住の地とは、いうまでもなく、「生きる」自由、「くらしを守る」自由がより容易に獲得できる地であることを意味します。それは、山の幸に恵まれている、海の幸に恵まれているなどであったでしょうし、やがて少量であっても栽培がやりやすい自然に恵まれているという点も加わったことでしょう。それは安住の地にさらに安定してくらしを持続させるための長い時間をかけた挑戦であったと思います。

そして、その地域の特産物が明確になるにつれて、特産物生産に専念する者、その特産物生産に使われる道具づくりに長《た》けた者がその道具作りに専念する、余剰品を他地域に運び交易によって自地域では手にいれづらい産物を自地域にもたらすなどして、長い時間をかけながらもその地域に住む人たちが、あたかも協議して分担しあったかのように幾つもの役割を商売という形で分担し、結果的に地域全体としてくらしの安定的持続には過不足ない状況をつくり出してきたのだと思います。

やがて知識が増え技術や技能が高くなるにつれ、役割も増えて多様な商売の成立に行き着いたと思いますが、商売に専念する者はその分野に精を出す反対給付として財貨を得てくらしを成り立たせたのは当然としても、大工《だいく》業を営むのも、鍛冶《かじ》屋を営むのも、そして他の諸々の商売を営むのも、出発点はその地域のみんなのくらしの安定的持続に貢献することにあったと考えるのが自然です。

何故《なぜ》なら、情報の獲得できる範囲はほとんど同じ地域内に限られ、また、自分の目で見たり聞いたりする以外は情報手段がほとんどない時代に、新しい物を作ってどこかで売って商売しようなどという発想法が生まれるはずがありません。仕事をやるとすると対象は同じ地域内であったと考えざるを得ないからです。しかも、財貨の蓄積などの効用も存在せず、したがって、利益としての財貨のより大きい獲得のために何か商売を始めようという発想も生まれるはずがありません。

そうした諸々の条件から考えて、地域に効用をもたらす役割を担う、つまり、地域に誕生した小事業は当初から地域に対する貢献というのが、仕事（事業）を始めた動機であったと思います。

「地域に根ざす中小企業」という表現は、何時頃《いつごろ》、誰がいい出した言葉なのか判りません。しかし、このように考えてみると、この言葉は一見、生まれ故郷に対する限りない愛着という多くの人々が持っている感情のオブラートに包まれているものの、我々中小企業家や自営業者が「地域貢献」という課題にほとんど抵抗なく取り組め、あるいは義務とさえ思うのは、そもそも「小事業」誕生の動機が「地域貢献」にあり、その思考と行動のＤＮＡが時空を超えて我々の血肉になっているからだとさえ思います。

「目で見渡せる範囲」ということ

もう一つ地域ということにまつわる問題について考察を進めてみましょう。それは前述した、アリストテレスの「目で見渡せる範囲」ということについてです。

不完全なものではありましたが、アテネで民主政が行われていたことは見てきたとおりです。このアテネの民主政の特長は「直接民主主義」であったことも広く知られていることですが、もう一つの特長が「空間的狭さ」にあったことはあまり知られていないかもしれません。わたしはこの空間的狭さということに注目しました。アリストテレスはこのことを「生活の自足を目標に、一目でよく見渡しえる数の範囲内」と言っていますが、その範囲であったことが「直接民主主義」を可能にし、繁栄をもたらしたのだといえます。

因みに、戦争や平和、条約の締結、財政、立法、公共事業の統治活動などは最高意志決定機関である「民会エクレシア」で決定されるのですが、その「民会エクレシア」には直接民主主義ですから十八歳以上の男子市民が全員参加することになっており、ペリクレス時代では三万五千〜四万人に達していたといわれています。こういう集会が年間四十回以上開かれていたというのですが、確かに国民の意志が可成《かな》り正確に反映するとはいえ、たとえば、現代日本では何百万人も同時に集まるなど現実的な方式とは思えません。

今日では「一目で見渡しえる範囲」で物資そのものによる「自足」を考えることは無意味に近いことですが、自足を可能にする経済活動、いいかえますと自足を可能にする仕事づくりで地域を存立させ、繁栄させることが課題であることはいうまでもありません。

おそらく日本の場合でも「地域」は「自足」を目標とし、また「自足」を条件として成立していったと考えられます。そして住民が「この地域は」などと表現する時には、おそらく事実上「一目で見渡せる範囲」、またはそれに準じたものであったろうと推測されます。

中小企業家の地域における役割

「地域」とは安定したくらしを維持するために、住民が相互に貢献しあうことで成立してきた歴史を持っていることを現代にラップさせ、あらためて我々中小企業家・自営業者の地域における役割とは何かを考えてみたいと思います。

「地域」という言葉がでてくると、私はいつも恩師鈴木栄太郎教授の言葉が浮かんできます。鈴木先生は農村調査を主体に社会調査などでほとんど全国を踏査された方ですが、前述のように、「その地域のことを最もよく知っているのは、その地域の商店街の店主である」と言っていました。

かつては、地方の商店街にある呉服屋は、その地域の顧客に掛け売り（今流にいえば回数や支払金額が客の任意のローン）しているのが普通でした。また、酒屋や雑貨屋なども支払は盆暮れの二回で、顧客に「通い帳」を持たせ、そこに販売した商品名や数量、金額を記入して商品を渡してくれるところが多かったものです。

したがって、商店主は売り先のことをしっかり把握する必要があったので様々な情報通になっていたのかもしれません。いずれにしても、商店主がその地域の情報をたくさん持ち、商店主の集まりでは地域の発展にとってどういう政策が必要か、どんな考えを持っている人材ならこの地域のリーダーとして頼みになるかなどを議論しているのが一般的でした。そして、自分たちの仲間に、そういう役割を担える人がいるのかいないのか、仲間にいなければ地域の中ではどうかなど議論され、そうした議論の蓄積から地域のリーダーが生まれ、育っていったケースも多く見られたのです。

九〇年代に入り「地域がリーダーを生まなくなった」と嘆いた人に出会いましたが、それは、従来、そういう役割を果たしていた商店街が没落したことが最も大きい理由であると思います。

この旧商店主たちが果たしていた役割を、中小企業家・自営業者が中心となって新たな視点から構築していくことが、地域貢献を再現することになるのでないかと考えているところです。

中小企業のほとんどは、それほど広い地域を営業範囲としているのではなく、しかも、地域に根ざし、地域の実情をより詳しく知っており、地域の問題のありか、ともに目指す方向、場合によっては解決方法に至るまで、その地域の心ある住民と共有しています。地域の問題解決の力になれるのは、日頃からそうしたことに切実な関心を持っているわれわれ自身なのです。

従来偏りがちであった政策的なことだけではなく、それを実現するためのきめ細かな情報の整備も必要と思います。独り暮らしの高齢者の情報、学ぶ意欲がありながら経済的理由で進学を諦めようとしている子弟についての情報、一家の柱が倒れて困窮している家庭、個人プライバシーを守りながらもそういう情報をつかんでこそよりきめ細かな対応が可能となります。

しかも、そういう対応が出来てこそ、地域のくらしのレベルは底上げされ、明るい地域へと進んでいくはずです。ボランティアではなく組織的に、自治体との連携もスムーズであってこそ継続性が保障されます。そういう取り組みから得られる問題点やノウハウが最も判りやすく強い政策要望になっていきます。

自主的な力を実践に顕現化するためには、自治体全体の民主的精神をより高め、それを基盤に自治体住民の連帯の精神を高めることが何よりも求められているのだと考えます。基本になるのは、歴史的に担ってきた中小企業家・自営業者の役割は何かをあらためて確かめ、基本の課題を見つめ直すことではないかと思います。

【関連資料 『中同協40周年記念誌』より】

自主・民主・連帯の本来的な深い意味に迫る

自主・民主・連帯は会運営の精神からあらゆる組織のあり方として普遍性をもつ

現在、すべての都道府県に同友会が存在し、四万一〇〇〇名を超える組織にまで成長できた要因としては、自主、民主・連帯の精神にもとづく会運営に徹してきたことがあげられます。

会の運営にあたっては、次のような内容として理解してきました（『同友会運動のための発展のために』より）。

「自主」とは、二つの意味があります。一つは、同友会は他のいかなるところからも政治的、経済的な干渉や支配を受けないということです。もう一つは、入会も退会もまた行事への参加についても会員の自主性を大切にするということです。つまり、会の自主性を守るということと、会員の自由選択権を保障するということです。

「民主」にも、二つの意味があります。会の運営を会員の要求や意見に基づいて行い、ボス支配がおこらないようにするということです。もう一つは、民主的なものの見方や考え方を会外にも積極的に広めていく、とりわけ企業内で実践していこうということです。

「連帯」は、会員同士の腹を割った裸の援《たす》けあいと、あらゆる階層の人たちと手をとりあっていこうという外に向けての協力、団結を進める意味があります。特に、会内では相互の研さんを通じての深い信頼関係をベースに、高い次元でのあてにしあてにされる関係が連帯の中身として理解されてきています。

自主・民主・連帯の精神は、同友会運動の歴史の中で、その意味が吟味され練り上げられてきたものです。同友会運動の基調というよりも、あらゆる組織、人間集団（家族・企業など）のあり方としての普遍性をもっているともいえます。

「人間尊重の経営」の考え方の基本となる、自主・民主・連帯の精神が「労使見解」に結実

労使の信頼関係重視の考え方は全中協設立以来の基本精神

戦後復興の担い手として、たくましく立ち上がった同友会の前身である全中協（全日本中小工業協議会）は綱領の中で、「五、我等は従業員の人格を尊重し自主的に相協力して生産の推進ならびに相互の生活の安定向上を期す」（全中協綱領、一九四七年）と明記しています。当時の経営者団体としては先進的内容といえます。

その後、中同協設立（一九六九年）時の中同協規約（旧）では、「（事業）第五条（四）労使関係の正常化と労使問題の話し合いによる解決」と位置づけ、「労使見解（中小企業における労使関係の見解）」（一九七五年）にまとめあげていく問題意識を充分うかがうことができます。七〇年代、八〇年代に盛んになる共同求人活動、社員教育活動をふまえて、現行規約（一九九一年）では「（事業）第三条（三）人材の確保と教育、中小企業にふさわしい労使関係を確立するための活動の促進」となります。

「労使見解」が指し示す人間尊重の経営

戦後盛んになった労働運動は中小企業においても例外ではありません。労使間の争議が相次ぎ、中小企業経営を根底からゆるがす事態がいたるところで発生しました。同友会の先輩たちは、力と力の対決ではなく、話し合いを基調にした中小企業にふさわしい近代的な労使関係の確立に文字通り命がけの努力を重ねました。その体験を教訓化しまとめたのが「労使見解」です。「見解」が提示している「人間尊重経営」の主なポイントは次の四点です。

第一には、経営者の経営姿勢の確立です。経営者はいかなる場合も経営責任を他に転嫁してはいけない、経営が良くなるのも悪くなるのも経営者の責任であるとの姿勢を堅持すること。いかに環境がきびしくとも、時代の変化に対応して、経営を維持し発展させる責任があること。そのことが、社員との信頼関係を確立する基礎となる、としています。

第二には、経営指針の成文化と全社的実践の重要性です。「見解」の中では、「経営全般についての明解な指針をつくること」との表現になっていますが、中同協では「見解」発表の二年後一九七七年に経営指針づくりを提唱しています（中同協第九回定時総会、神奈川）。

第三には、社員を最も信頼できるパートナーと考え、高い次元での団結をめざし共に育ちあう教育（共に育つ）を重視していることです。

第四には、経営を安定的に発展させるためには、外部経営環境の改善にも労使が力をあわせていこうということです。

『中同協三〇年史』第四章「同友会理念の形成と運動の基礎づくり」三「人間尊重の精神による同友会運動

の発展」「道標としての『労使見解』」では次のように記述しています。

「要するに、経営のすべての機能を十分に発揮させるキーポイントは、正しい労使の信頼関係を企業内に打ち立てることであり、それが経営者の責務であると主張しました。その根底に流れているのは『人間尊重』の精神とその具体的実践であるとの理解を示したのです」

仕事を通じて社員にやりがい、生きがいを与え、未来に夢と希望のある会社をめざすことこそ人間尊重の企業づくりといえるでしょう。

人間尊重の経営を三つの側面（自主・民主・連帯）から考える

生きることの保障——生命の尊厳性（民主）

人間として生きていくためには、最低限の生活保障が必要です。企業で働くことは、本人及び家族の生活＝生命（いのち）を守ることが大前提となります。企業としては、雇用を生み出し、賃金を払う、安心・安全な労働環境を整備することが義務付けられます。「人間一人ひとりの生命に軽重はない」といわれますが、これは、人類が長い年月をかけて確立した価値観であり、そこから平等な人間観が生まれ、民主主義の原点を形成してきたといえるでしょう。経済活動の中で、民主的ルールを守るとは、生命の尊厳性を守ることでもあるのです。

かけがえのない人生の全面開化——個人の尊厳性（自主）

人間は誰もが無限の可能性を持ち、その可能性への挑戦を自主的、主体的に継続できる環境の保障こそ社会全体の責任といえます。「サルからヒトへの進化の源は労働にある」といわれているように、労働の場である職場こそ、貴重な人間成長の場であることは、私たちの企業における人材育成の豊富な経験からも明らかです。社員が働くことと人生の目標を重ね合わせ、働きがい・生きがいを実感できる企業であることは、経営者にとっても大きな喜びです。赤石義博中同協相談役幹事は、個人の尊厳性として尊重されるべき可能性や未来を「題名のない伸縮自在の袋」と名付け、この袋に名前を付け、大きくふくらます努力を自主的に生み出す環境を整えることが、経営者、大人、社会の責任としています（『人間尊重経営実践への道』鉱脈社刊より）。

あてにし、あてにされる関係――人間の社会性（連帯）

人間は孤立して生きていくことはできません。「人間は社会的動物である」ともいわれますが、人類の歴史は自然とかかわりながら、労働を通じて自らを成長・進化させ人間社会を創造してきました。身近な家庭、学校、職場、地域社会での人間関係からグローバル化された現代では、地球市民という人間関係の概念も生まれています。いずれにしても、人間がより人間らしく生きていくためには、相互に信頼し、「あてにし、あてにされる関係」という人間本来の社会性を尊重してこそ、真の連帯をあらゆる組織の中で育むことができます。企業においては、労使間はもとより、職場の仲間と信頼しあい、切磋琢磨して共に育ちあえる関係が構築され、そのことがお客様や地域社会からの信頼を厚くし、「あてにされる企業」として成長していくことになります。

このように「自主・民主・連帯」の深い意味から「人間尊重の経営」を考えていくと、常に以上の「三つの側面」から経営のあり方を問い続けることが大切になってきます。このことを意識した人間尊重経営の実践こそ「二一世紀型企業づくり」をめざす上で必須の課題といえましょう。

同友会理念を経営実践に生かす

二〇〇八年度中同協総会採択文第二章第三節―一、「深まる不況への対応と持続可能な企業づくりの課題を考える」では「同友会理念を経営実践に生かす」として次のように述べています。自主・民主・連帯の理念を企業づくりに生かすとは何を意味するのか。

『自主』とは、自立型企業をめざすこと。価格決定や技術力などで主導権を発揮でき、そのための独自性、先進性を持つ企業のことです。企業内では、社員の自主性、自発性を尊重し、自由な発言を保証して、個人の人間的で豊かな能力を『引き出す経営』が求められます。

『民主』とは、経営指針にもとづく全員参加型経営や自由闊達な意思疎通のできる社風をめざすことです。そのためには、民主的なルールを尊重し、平等な人間観のもとで、創造力を発揮する民主的な社内環境を整備する必要があります。

『連帯』とは、企業間や産学官のネットワークに参加、組織、運営する連携能力をもつ企業づくりの課題です。また、企業内での連帯とは、労使が共に学びあい、育ちあい、高次元での団結、あてにしあてにされる関係を創り出す『労使見解』の精神の発揮です。

以上のように自主・民主・連帯の考え方に基づく企業づくりは、人間らしく生き育つ『人間尊重の経営』をめざすことと言えます。

自主・民主・連帯の理念を幸せのみえる社会づくりへ

自主・民主・連帯の理念を社会のあり方として考えると次のように言えるでしょう。

自主——個人として尊重され、一人ひとりの違いが大切にされる社会。

民主——一人ひとりが平等に扱われ、人の生命に軽重はないことを保障する社会。

連帯——社会的存在としての人間相互の信頼関係（あてにしあてにされる関係）で成り立つ社会。

東京大学名誉教授大田堯氏は「人間は一人ひとりが違う。自ら変わる力がある。そういう生命のつながり方によって主権者として新しい人間関係をつくり出すこと。同友会のスローガンである自主・民主・連帯を生物

【資料】同友会の基本理念「自主・民主・連帯」の深い意味と日常的実践の課題

	自　主	民　主	連　帯
第一層 （会内でのあり方）	入会も退会も個人の意思決定による	ボスを作らない、全ての会員が主体者	個人個人が尊重される団結
第二層 （社会との関係）	自主性を損なうような特定の関係を排除	民主的ルール尊重精神の一般化	中小企業の地位向上に他団体とも協力
第三層 （本来的深い意味）	**個人としての尊厳性を尊重**されねばならないというのが最も根元的な意味である。 人間はそれぞれ「かけがえのない人生」を生きている。それだけでも個人として尊重されねばならない。 （それは、同時に個人の可能性の尊重をも重視すべき事を示している） **個人の可能性の追求** 全ての人間は、なんらかの可能性を持って生れてきている。その可能性を見つけだし、どれだけ伸ばしきるかも、人間らしく生きる充実度の重要なポイントになる。 これを「**題名のない伸縮自在の袋**」と名付けている。	**生命の尊厳性の尊重に**その根源がある。 人間の命の重さに軽重はない。全ての人間の命の重さは同じである。 そこから、 「平等な人間観」が生れ、更にそこから、平等な立場での参画という意味で、１人１票という民主主義の投票原則が生れてきた。	**人間の社会性の尊重** 人間はある時から、群（むれ）を維持することにより、生きることをより確かにしてきた。そうした数十万年以上の体験が、協力することの重要さの認識を基本的な行動様式としての社会性として身につけてきた。 「人間的信頼関係に立つ、当てにし当てにされる関係」が成立し深まるほど、集団（家族、企業、サークル、社会など全て）は安定し、集団としての力も強まる。 **究極の課題は、地球環境の保全・世界平和・民生全体の向上である。**
第四層 （第三層の意味の具体的実践の形）	**「人間らしく生きる」** ことを具体的に追求すること	**「生きる」** 生理的にも、経済的にも命を守る	**「くらしを守る」** 自助努力と共に、社会的連帯の重視

学的にいうと《生命は関わりの中にある》という表現になるでしょう。法律の立場から表現すると、基本的人権と個人の尊厳を尊重しあって関わりましょうということであり、市民連帯をつくりましょうということになります」（「人を生かす経営全国交流会」二〇〇八年一一月、滋賀、基調講演より）と述べ、「今の危機を新しい変革の機会として、新しい人間関係の創造を大きな目当て」として同友会運動を発展させて欲しいと激励されました。

二〇〇八年五月、中同協は中小企業憲章ヨーロッパ視察団を派遣し、ＥＵ小企業憲章成立の経緯、その成果、今後の課題を学んできました（詳細は『ＴＨＩＮＫ ＳＭＡＬＬ ＦＩＲＳＴ』中同協刊）。自主・民主・連帯の理念が、近代ヨーロッパの精神（自由、平等、連帯）と共通していること、ＥＵ成立の目的が第二次世界大戦の体験を踏まえ、歴史、宗教、民族、言語等のあらゆる違いを乗り越え、武力による紛争のない融和社会への限りない挑戦が根底にあることも学びました。その歴史的使命を果たそうとする中小企業・自営業の真摯な努力は同友会運動がめざす「幸せの見える社会づくり」とも通底しています。

とりわけ今日の社会において、すべての生命の母体を守る地球環境保全の課題、人類間のあらゆる紛争を武力によらない解決をめざす課題を、二〇世紀の負の遺産を教訓として生かすならば、連帯こそ全人類の実現すべき急がれる課題といえるのではないでしょうか。連帯が成り立ってこそ、自主、民主の理念が生かされるといえます。自主、民主、連帯の理念の追求は、人間が人間らしく生きられる社会（誰もが持っている人間の素晴らしさを発揮できる社会）の追求であり、地球環境保全の追求です。これこそ同友会運動の使命となってきました。

――本編は『中同協40周年記念誌――時代を創る企業家たちの歩みⅡ』（二〇〇九年七月九日刊）の「第Ⅰ部　同友会運動発展の中で同友会理念はどう深められた」の「第二章　同友会理念の深化を検証する」第三項全文の抜刷です。

編集後記

本書は、第52回青年経営者全国交流会が宮崎で開催（2024・9・19〜20）され、「あかいし文庫」特別分科会『「労使見解」継承と展開』が開設されたことを記念して、赤石義博中同協元会長・相談役の『私と「自主・民主・連帯」』上・下巻を抜萃・再編集し、資料を補ったものです。

※　※

原著の目次を掲載し、本書との関連を示しておきます。

［上巻　人間尊重経営を深める――「労使見解」への道をふまえて］

序の章　同友会は、「生きざま」を学ぶ場　本書「はじめに」

1の章　共通の砦を守る――労使の対立を乗り越え全社一丸体制づくりへの道

2の章　自由と混沌のなか　中小企業経営への道――変革期のエネルギー群像

3の章　「労使見解」精神　その継承と展開――「自主・民主・連帯」を深める道へ　本書「第1章」

［下巻「人間の尊厳」と中小企業――「人間らしく生きる」を深める］

第1章　「生きる」「くらしを守る」「人間らしく生きる」――「大きな目的」の普遍性を確かめる　本書「第2章」

第2章　人類的課題を担う中小企業・小企業――三つの願いと「自主・民主・連帯」　本書「第3章」改題の上、節の組みかえ

第3章　人間の可能性をひき出し伸ばす――「自主」を育成する「自由」の実現

第4章　「人間らしく生きる」を高める――基本的人権を検証軸に

第5章　人間らしく生きあえる社会へ――〝新しい経済〟到来への中小企業家の課題

※なお、関係資料は『中同協40周年記念誌』よりの収録です。

※再編集にあたっては、表記を統一し、明らかな誤植の修正の他、タイトル・見出しの他、本文でも前後関係から補筆・修正をしていることをお断りしておきます。

※　※

「あかいし文庫」は、故赤石義博氏の蔵書1430冊を宮崎同友会が預り、整理・分類して、同事務局内に設置したものです。同友会とともに、そのリーダーとして活動された赤石氏の《生きる・くらしを守る・人間らしく生きる》に結実された思索の足跡、また本によっては書き込みもあり、赤石氏の肉声にも接することができます。全国の会員に幅広く活用していただこうと二〇一九年に設置されたものです。

「あかいし文庫」友の会

赤石 義博（あかいし　よしひろ）

1933年（昭和８）北海道で生まれる。1959年（昭和34）上京して東亜通信工業㈱に入社。1978年代表取締役社長に就任。この間、同社を電磁鉄芯業界ナンバーワン企業に育てる。1992年（平成４）同社社長退任。

1962年（昭和37）日本中小企業家同友会（現東京中小企業家同友会）入会。1985年から11年間中小企業家同友会全国協議会幹事長、1996年から11年間同会長を務める。2007年より同相談役幹事、2014年同顧問に就任。2016年３月10日死去。

1980年代より全国各地同友会の会合に招かれて講演、問題提起を行う。この間の記録をもとに補筆を行い、また書き下ろして、九冊の著作（共著含む）にまとめる。同友会運動の歴史と理念を伝え、人間尊重経営をめざす会員の経営の指針として広く読み継がれている。

生きる　くらしを守る　人間らしく生きる
自主・民主・連帯の精神　その結実と展開

二〇二四年九月一〇日　初版印刷
二〇二四年九月一九日　初版発行

著　者　赤　石　義　博 ©

企画編集　あかいし文庫友の会
宮崎恒久南3丁目3－2
恒久ビル2F
宮崎県中小企業家同友会内

発行所　鉱　脈　社
〒八八〇－八五五一
宮崎市田代町二六三番地
電話　〇九八五－二五－一七五八
郵便振替　〇二〇七〇－七－二三六七

印刷 製本　有限会社　鉱　脈　社